阳光姐姐校园小密探

校园流行朋友圈

伍美珍 ◎ 主编

图书在版编目（CIP）数据

校园流行朋友圈 / 伍美珍主编.—北京：现代出版社，2019.7
（阳光姐姐小密探）
ISBN 978-7-5143-7987-7

Ⅰ.①校⋯ Ⅱ.①伍⋯ Ⅲ.①作文－小学－选集
Ⅳ.①H194.4

中国版本图书馆CIP数据核字(2019)第142447号

校园流行朋友圈

主　　编	伍美珍
绘　　者	木　辛
责任编辑	徐　苹　王志标
出版发行	现代出版社
地　　址	北京市安定门外安华里504号
邮政编码	100011
电　　话	010-64267325　64245264（传真）
网　　址	www.1980xd.com
电子邮箱	xiandai@vip.sina.com
印　　刷	北京瑞禾彩色印刷有限公司
开　　本	880mm×1230mm　1/32
印　　张	6
字　　数	119千字
版　　次	2019年8月第1版　2019年8月第1次印刷
书　　号	ISBN 978-7-5143-7987-7
定　　价	36.00元

版权所有，翻印必究；未经许可，不得转载

代序

做校园小密探，发现身边的写作素材

阳光姐姐　伍美珍

当初写作时，相当敬业，每星期都要去学校一次，请学生吃盒饭，开座谈会，了解孩子们的所思所想，天长日久，就积累了不少素材，不少孩子还成了我的校园小密探，校园里发生新鲜事都会跟阳光姐姐说。每天我的邮箱里都会有五六十封邮件。孩子们来信所谈到的事情为我提供了写作素材，激发了我的创作灵感。我的小书房系列图书的每一本都是源于读者来信。

也有很多孩子给我写邮件，说自己很害怕写作，不知道自己该写什么，询问我的写作素材从哪儿来？现在我就把这个问题的答案告诉你们——写作的素材，就在你们的身边哪！

写作是孩子与生俱来的天赋，只要写自己想写的文字，找到写作的快乐和自信，就会激发出你的写作天赋

来。在"阳光姐姐校园小密探"系列书籍里,我请孩子们一起选取了16个校园热点话题来讨论和写作,当孩子们自由地写作时,我发现,他们的语言单纯而可爱,带有孩子独特的灵气与气质,这些自由纯真的文字是多么珍贵。

希望这本书也能触发你的写作灵感,让你找到写作的快乐!

目录

话题NO.9—— 糗事

人在"糗"途　任奕豪　004

贪睡老妈糗事记　马诗瑜　007

糗事一箩筐　肖雅兰　010

"糗"了个游　陈丹琦　013

画地图　胡怡莹　017

抓"憋"记　宋昊橦　020

家有糗叔　韦丽雪　023

糗到家　宁若岩　026

苦味巧克力　宋语涵　029

出糗王的一天　薄睿宁　033

糗事大舞台　邱慧伶　038

我"吃"了一次牙签　方思妍　041

话题NO.10—— 流 行

发烧出没，请注意　周焓煜 ⑤ 048
感谢那阵幸运的风　黄逸涵 ⑤ 051
我班流行"想太多"　林思涵 ⑤ 055
我们班的隋唐风　袁义翔 ⑤ 059
《爸爸去哪儿》综合征　傅伊旸 ⑤ 063
"妖风"不断　张 楠 ⑤ 066
最近流行踢毽子　任蔷羽 ⑤ 070
今天，你"宅"了吗　孙 遥 ⑤ 075

话题NO.11—— 口 头 禅

沙和尚的口头禅　康竞文 ⑤ 082
传染人的口头禅　何嘉琦 ⑤ 085
口头禅王国逸事　唐婷婷 ⑤ 089
治疗口头禅的"奇药"　齐政尧 ⑤ 092
我的百变口头禅　郑文慧 ⑤ 096
害人的口头禅　范宇佳 ⑤ 099
我的上帝呀　朱佳文 ⑤ 102
口头禅小集合　俞天一 ⑤ 106

"真讨厌"常说"真讨厌"　　邱慧伶 ≀ 110
苏潭颖≠真讨厌　苏潭颖 ≀ 113
亲爱的"芋头"　许君宜 ≀ 116
请不要说"你确定吗？"　　杨千寻 ≀ 120

话题NO.12—— 动物

长须鲸宝宝的自述　汪　旷 ≀ 126
小狗乐乐　朱思雨 ≀ 129
动物星球　崔贺尧 ≀ 132
三只螃蟹　丁真珍 ≀ 137
世界上最胖的猫　史昀卿 ≀ 140
鸡咯咯正传　李子越 ≀ 144
仓鼠出没，请注意　朱　珠 ≀ 148
八哥出笼　脱纻舜 ≀ 152
路遇小刺猬　杨千寻 ≀ 155
狗也有"人情"　舒勇豪 ≀ 158
蜈蚣宝贝的鞋子　张馨元 ≀ 161
一只小蚂蚁的冒险　孙　遥 ≀ 164
做我的雪宝　董开超 ≀ 167
壁虎奇缘　余　岳 ≀ 172
窗外的鸟巢　卢江坤 ≀ 175

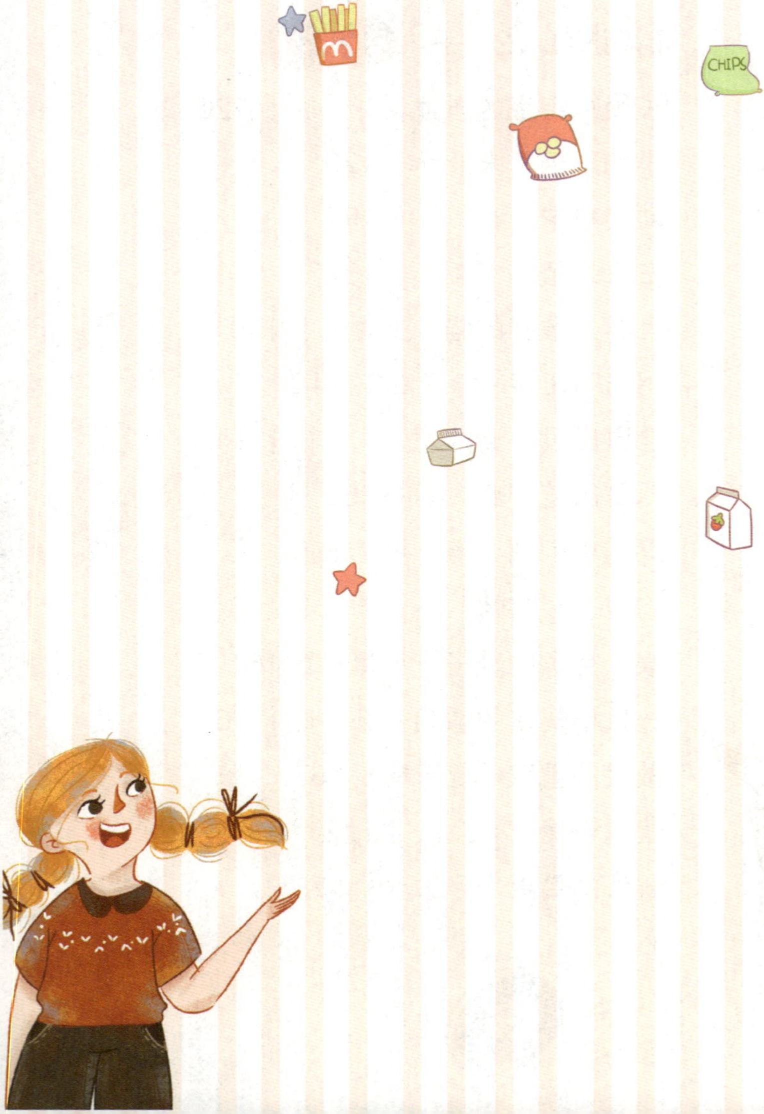
CHIPS

话题 NO.9

糗事

校园流行朋友圈

【七嘴八舌小密探】

阳光姐姐： 回想自己小时候，真的发生过很多啼笑皆非的事情呢！不知道你们身上发生过什么样的糗事呢？不要害羞，大胆地说出来吧！

彼得潘带我飞： 小时候武侠剧看多了，自己在院子里练轻功，大步大步地跨越，啊！我飞了！啊！我摔倒了！现在脚踝还有后遗症，做不了剧烈运动。

绿超人： 我喜欢看电视剧，还喜欢模仿里面反派的"仰天长笑"。有一次上课，老师喊我的"冤家对头"上去做题，他不会，我就在下面习惯性地"仰天长笑"。呃，成功引起了老师的注意，我也被喊到了讲台上，关键是，这题我也不会做啊！

咖啡伴侣火腿肠： 小时候跟鸡结下了缘分，鸡看我不服，我看鸡不爽。有一天，我想从背后偷袭，没想到鸡的反应更快！最后，我被鸡赶得满院子乱跑。唉，逢年过节还会被家里人拿出来当作饭后娱乐。

咔嘣脆儿： 以前和我表哥为了一点小事打架，我瘦胳膊瘦腿的，自然吃了个败仗。当天回去以后十分不服气，于是一下子跳了500下绳，做了50个俯卧撑，我以为这样我就能打赢

话题NO.9 糗事

表哥了。结果到了第二天浑身酸痛,差点连床都起不来。

左三圈右三圈: 我爸爸骗我说《聊斋志异》是鲁迅写的,我就一直是这么认为的。直到有一天,语文老师在课堂上提问《聊斋志异》的作者,我把手举得老高……

【话题作文大PK】

人在"糗"途

任奕豪

许多同学都看过电影《人在囧途》吧!

大老板徐峥遇上挤奶工王宝强之后,旅途便频出状况。笑料层出不穷,我看这部电影时,肚皮快要笑破了。

电影《人在囧途》中的糗事是虚构的故事,可是,真实版《人在囧途》般的糗事,却偏偏让我遇到了……

那是国庆节时的事,因为放长假,妈妈决定带我回姥姥家住几天。

姥姥住在乡下,去姥姥家,需要坐两次公交汽车。

我们给姥姥买了好多东西,有干果、小食品,还有2斤新鲜的小银鱼都装到一个无纺布的包里,不太重,我主动要求提着,妈妈同意了。

我们先坐22路公交车,车上乘客不多,有空座位,妈妈

话题NO.9 糗事

让我把包放到地上,我看到地板太脏,坐下后就把无纺布包放到我的双腿上。

到站下车时,我才发现装小银鱼的塑料袋在公交车的颠簸中烂了,水顺着无纺布包的角全流到我的裤子上,我的裤裆处鱼腥味刺鼻,湿了一大片,猛一看,还以为我尿裤子了呢。

仔细想想,我似有所悟,怪不得刚才有好多异样的眼光盯着我,看得我心里直发毛。

还得再坐一次86路公交汽车,等车的滋味与往日不同啊!好多人的目光都盯着我,怎么躲都躲不掉,他们好像发现了"新大陆",然后窃窃私语,嬉皮笑脸。

我使劲用双腿夹住那一块湿漉漉的裤子,可还是挡不住大片湿印,很尴尬又很无奈。

86路公交汽车终于来了,我赶快上车,人不多却没有座位了。

我站在一个座位的旁边,座位上是一个年轻阿姨抱着一个小女孩儿,小女孩儿东看看,西瞧瞧,很是活泼,一会儿说:"啥味,怎么这么臭呢?"年轻阿姨好像也闻到了异味(鱼腥味)。

突然,小女孩儿用手指着我大叫:"是小哥哥拉到裤裆里了,快看他的裤裆湿了一大片。"随着小女孩儿的尖叫声,我前前后后、左左右右的乘客的目光"唰"的一下全部集中到我的身上,我感到自尊受到严重伤害!我的脸立刻红得发烫,那种尴

校园流行朋友圈

尬，简直难以用语言表达，如果有一个地缝我会立马钻进去的。

妈妈赶快出来打圆场，给大家解释的内容我一句都没有听清楚。

年轻阿姨也意识到小女孩儿的语言"刻薄"伤人，忙起来把座位让给我："小同学，我们快到站了，你坐这里吧！"

当时，我连"谢谢"两个字都忘了说，很机械地就坐了下来。

86路公交车到站时，我还没有从尴尬中缓过劲来，还是妈妈拉着我的手下的车。

我呆呆地走在乡下凸凹不平的泥土路上，满脑子都是刚才小女孩儿的话和大家异样的眼神，姥姥家的院子就在眼前，我没有像昔日那样大叫："姥姥，我回来了！"因为这一次去姥姥家的路上我真是洋相百出，再现了真实版的《人在囧途》，我的心情糟糕透了，这都是小银鱼给我弄的"糗事"。

阳光姐姐点评

在读这一期大家的来稿时，我发现生活中各种各样的"糗事"，真是层出不穷，所以，奕豪同学也不要难过了哦，这是大家都难以避免的。可能就是因为当时糟糕的感觉实在深刻，所以才能将这种尴尬感描绘得这么真实。这也算"因祸得福"吧！

话题NO.9 糗事

贪睡老妈糗事记

马诗瑜

要说我们家的糗事,那可是三天三夜也说不完。我们家俨然就是一台"糗事生成器",各种糗事一应俱全,简直就是个"笑星家庭"。不过呢,身为淑女的我,可不愿意全部说出来,今天,看在阳光姐姐的面子上,我就红着脸说一次吧。

五岁那年,我还和爸爸妈妈一块睡。平时都是爸爸妈妈一块陪我睡,可是那天晚上,爸爸偏偏有很多工作没做完,很晚才能睡觉。于是,讨厌的老爸拍拍我的头,说:"诗瑜啊,今晚老爸还有工作要做,你和妈妈先睡哦。"

什么?和老妈一起先睡?唉……老妈可是特别贪睡的人,她既不会给我讲故事,也不会照顾我好好睡觉……不过看在老爸那么辛苦的分上,我就勉为其难,乖乖地听一回话吧。

我极其不情愿地挪回房间,躺在了大床上。熄了灯,我和老妈躺在黑暗中,才过了一分钟,老妈就已经鼾声如雷了:"呼噜……呼噜……呼噜……"大概是我太困了,也可能因为被老妈的呼噜声所"传染",不一会儿我也和周公会面了。

正当我梦见在游乐园里开心地玩摩天轮时,突然,"咚"的一声,摩天轮发生了事故,我从天上掉了下来,狠狠地摔在了地板上。

"哎呀!"我痛得大叫着醒了过来,咦?我怎么在地板上?我的脑袋怎么这么疼啊?

"诗瑜,诗瑜,你没事吧?"哎呀妈呀,这不是做梦,我真的从床上掉了下来!我哇哇大哭起来。妈妈看着头上多了一个"菱角"、哭得满脸眼泪鼻涕的我,忍不住大笑起来。

"还笑呢!都是你干的好事!"爸爸心疼地抱着我,一边给我揉头上的"菱角",一边责怪老妈。

"关我什么事呀?"老妈满脸无辜。

"你们俩睡觉,都在床上转了几个圈了,我刚推开房门,看见诗瑜的脑袋转到了你的脚下,正准备帮她睡好,却看到你一脚猛地把她踢下了床!"老爸又好气又好笑。

"啊……"老妈惊讶极了,皱着眉好像回想起什么,然后大笑起来,"我刚刚梦见踢足球呢,刚刚一脚进了个球……"

"哈哈……"我也忘记了疼,和老妈一起大笑起来,"老妈你把我的脑袋当成足球了呀!"

话题NO.9 糗事

过了大半个月,我脑袋上的"菱角"才渐渐消了下去,不过,这件事却从此成为"笑星家庭"最著名的糗事之一,虽然很糗,但是想起来却仍然忍不住乐。

阳光姐姐点评

老妈很贪睡,"呼噜"连天,睡觉时在床上"转了几个圈",犯下"糗事"却哈哈大笑。这些小细节,将老妈写成了一个可爱的大女孩儿,有这样一位老妈,难怪你们家会成为"笑星家庭"呢!

糗事一箩筐

肖雅兰

唉,人有失足,马有失蹄。就算我天生集美貌与智慧于一身,可这糗事……数不胜数!

场景一:博物馆之糗

"咱们老百姓,今儿个真高兴——"知道我为什么哼起了民谣吗?那是因为今天爸妈要带我去恐龙博物馆参观。

走进大门后,我们先走进了人数较少的一个房间。哇哦,好壮观哪!这回我可算是大饱眼福了。我走在父母前面,左看看,右瞧瞧。哎呀,他们走得太慢了,我都看完了呢。我心里正想着,接着一个转身,拉起爸爸就走。

走了没几步一个男声从旁边传来:"小……"

嗯?这声音怎么不对?我又一回头,定睛一看:呀呀呀

呀！拉错人了呀！

"不好意思呀！"妈妈急匆匆地跑了过来，不好意思地跟那位陌生的叔叔道歉。

"妈——"我因为害羞，扑进了妈妈的怀里。

"没事没事，这小姑娘挺可爱的！呵呵。"那叔叔笑呵呵地摆了摆手，然后就走开了。

从那次起，爸妈便总是笑话我没有慧眼却有近视眼。唉，真是"一失手成千古糗啊"！

场景二：学校颁奖之糗

还记得五年级时，有一次，学校给每个班劳动节表现突出的同学颁奖。我们班有五个同学表现突出，我也是其中一个。

升旗仪式后，全校同学听着赵校长宣读名单：一年级……二年级……三年级……我那时候上五年级，"五年二班……"校长开始念我们班了，我心情异常激动，连耳朵都竖了起来。

"五年二班：帅思明、李佳莹、杨定坤、肖佳兰……"赵校长慢悠悠地念着。

"哈哈哈——"台下我们班一阵笑声。我站在下面十分尴尬，我明明叫肖雅兰！一旁的同学笑嘻嘻地模仿校长的口音："肖佳兰……黑加仑！嘿嘿，黑加仑黑加仑！"

校园流行朋友圈

很快，我便成了本班的"本月之星"。这个不是老师说的，而是同学们封的。天啊，我快疯了。从那天起，班上调皮鬼刘元见人就说："看那个女生！我给你介绍一下，她叫'黑加仑'，英文名叫'黑加仑儿'！"说到这儿还学起了小沈阳的腔调。只瞧见旁边那名同学笑得"合不拢嘴，直不起腰"。我冲上去准备"揍"刘元，他居然喊："呀！黑加仑打人啦！黑加仑打人啦！"没办法，只好收手。

至今"江湖上"还流传着本女侠的外号——黑加仑！唉，真是"校长一失口，我变黑加仑"啊！

真希望我这人生两大糗事，赶紧像过眼云烟一样立刻飘散吧！

阳光姐姐点评

同样一个故事，有的人讲起来干巴巴的，有的人讲起来却特别生动，这是因为他们描绘场景的能力不同。雅兰描述场面时，穿插了各种心理、语言、动作、神态的描写，所以好像当时作者的"糗样"再次浮现在我们面前，特别有趣。

话题NO.9 糗事

"糗"了个游

陈丹琦

又是一年秋游时。

踏着凉爽的秋风,伴着唯美的秋色,八年级九班的同学们向着目的地——越龙山行进。

"胖胖,帮我拿下饮料吧,太重了。"我冲着边上一个比较高大的男生说。

"好。"答应得甚是爽快。

一路说笑着走了很久。

"咦,前面的队伍怎么停啦?"我踮起脚望向前面无止境般的队伍,自言自语。

"同学们,要过马路了,请加快步伐!"班主任用一个超大型的喇叭冲着我们大声喊道。

全班冲刺,乱成了一锅粥,引得那些等红绿灯的车辆和路人目瞪口呆。

校园流行朋友圈

"小露,我跟你说啊,刚刚我看见……"我拍了拍前面那个女生的肩膀,可就在那一瞬间,女孩儿突然矮了一截。

什么情况?奥特曼变身?不是不是,我赶紧把自己那些古灵精怪的想法收拾到一边,定睛一看。

啊!她的一只脚踩进那个缺了个口子的窨井盖里了。

这个窨井盖上面破了个大腿粗的洞,从来没听说过有人还能踩进去,今天还真叫我大饱眼福。

我苦笑着把她从窟窿里拔了出来,还好裤子没有脏,应该说已经算是万幸了。

又是一路说笑,走了很久。

"咦,胖胖,我的饮料呢?"我看了看身边两手空空,只背着个包的胖胖,狐疑地说。

"饮料?饮料……你有给过我饮料吗?等一下,我想一想。"

天哪!这健忘的家伙居然连有没有拿过我的饮料都不记得了!我有种不祥的预感……

"呃……对不起哦,刚才在那里等红绿灯的时候我偷了一下懒,就把饮料放在路边了……"胖胖猛拍脑袋想了起来。

我突然感觉眼前有一道闪电闪过去了,差点没晕过去。

"这是我们整个小组要喝的啊!你放那儿,那我们等下喝什么,你要我说你什么好啊,唉……"我彻底无奈了。

现在跑回去拿的话,对我这种路痴来说,等下会找不到

014

话题NO.9 糗事

队伍的,而且路这么远,等我狂奔个来回他们可能都在目的地吃东西了,而且放在路边也难免会被别人拿去……算了吧,我宁愿喝自己的口水,或者说,渴死也好。

我像个祥林嫂般地对着大家抱怨起来,突然,脚下软软的……一不小心踩到狗屎了。

喂喂,凭什么呀!那么多人,这里也就一坨狗屎,为什么偏偏我踩到?你以为拍八点半肥皂剧呀,什么烂剧情,一点都不公平好不好!

心情从愤怒转向极度的郁闷。

于是我不再说一句话,自己一个人沉默地拼命踏干净鞋上的狗屎,暗暗发誓,不能再踩到晦气的狗屎了!

真不知道是不是老天故意和我开玩笑,运气"好"得防不胜防,竟在回去的途中再次和那坨狗屎来了个"亲密接触"!接着是同学数以万计的调侃。

"嘻嘻,你今天是走狗屎运了吧,赶紧去买福利彩票,中个几亿是没问题呀,到时候要记得兄弟我呀!"

"哈雷彗星撞地球这么小的概率都被你碰上了吧,'狗屎大王'!"

…………

生活中,认错人,扔错东西,忘记前一秒要说的话、要做的事,出门才想起来没带钥匙,路过篮球场篮球正中头顶,

校园流行朋友圈

扔东西给一个同学结果砸到另一个同学的脸等糗事无处不在，俗话说得好，无糗不成生活啊（好吧，我又乱改俗语了），秋游，不"糗"怎么游？不必再为经历的糗事所苦恼，糗事一箩筐，糗糗更健康！

阳光姐姐点评

"糗"了个游，原来指的是"糗"了一路的秋游啊！这题目真是有意思！一"糗"双关，聪明聪明！丹琦的语言读起来也特别有趣，乱改俗语啦，同学间的幽默啦，是一种完全属于自己的生活语言，很有快乐感染力！

画地图

胡怡莹

好漂亮的小屋哇！站在门前的空地上，仰望着这座小屋。好神秘，带有一丝幻想的色彩。这会是白雪公主和小矮人所居住的地方吗？"咚咚咚"我敲响了大门，连敲几声都没有人回应。我试图推开大门，真的成功了！

我小心翼翼地走进去，感觉自己有点做贼心虚。这是别人的屋子，无缘无故地走进去可以吗？但很快，我便打消了这个想法，因为这屋子实在有着致命的诱惑。角落的床，看起来好舒服，试一下，应该不会有事吧。我整个人向后仰，栽倒在床上，软绵绵的，好舒服哇！鼻子不禁碰到被子，一阵草莓的香气传来。我再将被子拿到鼻子前，没想到被子居然被我扯断了！

我惊讶地看着，被子因为被我拿在手上的时间过久，已经开始有融化的趋势！我将被子放在嘴里，被子在口中化开，这

种感觉——棉花糖！我赶紧翻下床，不小心撞到了床脚，床脚居然被我撞碎了一角！床脚也会是能吃的吗？我拿起"木板屑"，放进了口里，天啊！是巧克力，巧克力，我最爱的巧克力！

一个大胆的猜测闪过脑海，这莫非是传说中的糖果屋？为了证实这个猜想，我在小屋里东闻闻，西舔舔。天啊！这真是糖果屋哇！我爬上椅子，将"魔爪"伸向盘子，一口咬下，真脆！没想到这个盘子是用饼干做成的呀。好渴，必须去找水源。那个花瓶会有水吗？我拿起桌子上的花瓶，摇一摇，真的有水哟！对着瓶口，我咕噜咕噜地喝下去了。什么味道？好像是柠檬，我咂咂嘴巴，感觉喉咙一阵清凉。

吃饱喝足了，我才意识到，这儿是哪里？我要回家！回家！心，开始慌乱，眼泪急得啪啪掉。心一急，便想上厕所。厕所啊厕所。我不停地向前跑去，眼前居然出现一个神秘的马桶。总算找到解决的地方了……

"胡怡莹！"一声怒吼将我吵醒。我欣欣然睁开了眼睛，出现的是老姐那一张铁青的脸，以及她衣服上的湿印。"你看你干了什么好事！"这时我才感觉裤子湿漉漉的，一阵子的不舒服。我掀开被子，我我我！我画地图了！看着老姐指着的湿印，我明白了……一阵脸红。没想到我居然尿床了。

那一年我 8 岁了……

话题NO.9　糗事

阳光姐姐点评

好美的梦境，好糗的糗事！事实证明，贪吃贪喝是需要付出代价的，就算是梦里也不能当小吃货哦！这是一篇很可爱的作文，描写童心世界的梦境很有浪漫色彩，而语言也充满童趣！

校园流行朋友圈

抓"憨"记

宋昊樟

今天我真是糗大发了！脸红了一整天都没变过来。路旁垃圾桶边上的那几个招了苍蝇的烂番茄还差点把我认成它们的兄弟！

作文课，是大部分同学都不喜欢的课，因为老师每次出的题目都让同学们半天想不出来。但今天的作文课上，语文老师大发慈悲了，因为她说今天的作文是想写什么就写什么，无论什么题材的文章都可以。

我是那几个不惧怕写作文的同学中的一个。听老师这么说，我开始手舞足蹈了，写个童话故事吧，这是我最拿手的。可是刚一抬笔，突然又想写篇小散文了，因为今天下了今年入冬以来的第一场雪，这个迷人的雪景，还是非常值得写一下，作为纪念的。还有，今天上午体育课上同学们发生的各种有趣的事情我也想写。啊？这怎么办呢？写哪个呢？我暂时没了主意。

话题NO.9 糗事

  我像一休那样,把身体坐正,闭上眼睛,两手的食指放在大脑两侧不停地转着转着,叮咚!有了!我快速地从作文本后面撕下一张纸,然后把这张纸撕成同等大小的四张长条,在每一份上分别写上了"童话、散文、叙事、科幻",写完后,我把这四张长条揉搓成四个纸团。然后紧闭双眼,把四个纸团轻轻撒在了课桌上,我用手指在这四个纸团之间来回点着,犹豫着该选哪一个。不料,这个动作被语文老师看到了,她大喊:"宋昊橦,你在干什么?"

  我连忙站起来回答:"老师,我不知道写哪个题材,所以只好来抓'憋'。"

  语文老师愣了一下,接着问:"干什么?"

  "抓'憋'。"

  "什么意思?什么'憋'?"语文老师一脸的问号。

  "'憋'就是'门'字里面一个'龟'啊!我们做选择题的时候经常用到这种方法。"

  哈哈哈哈哈……语文老师放声大笑起来,一直笑到直不起腰了,看到老师的样子,前几天发生的那一幕在我眼前迅速浮现:我跟一个同学闹矛盾,最后打起来了,班主任把我们叫到办公室,开始做思想工作。老师说:"退一步海阔天空,进一步万丈深渊啊!你们知道什么是'万丈深渊'吗?"我说:"万丈深渊就是深深的冤枉。"那时,语文老师就像今天这样

校园流行朋友圈

在办公室里笑得直不起腰。几分钟后老师才用带着笑的声音说:"可爱的孩子,这不叫抓 biē,这叫抓 jiū。"

同学也哄堂大笑起来,笑声都快顶破天花板了。大家你一言我一语的都在议论我的这次抓"憋"行动,我糗!我囧!

祸总是不单行的!

放学回家,妈妈在忙着做饭,懂事的我,跑到厨房想帮妈妈做点什么。妈妈说:"那你就帮忙打两个鸡蛋放碗里吧!"

我高兴地从冰箱里拿出两个鸡蛋,但是当我轻松地把蛋液打在垃圾桶里,手里紧握着蛋壳不知往哪里放时,我心里那个糗啊!

第二天语文课,老师问我:"我告诉你的那个字念什么来着?还记得吗?"

我铿锵有力地回答:"记得,记得,抓'憋'的 jiū。"

阳光姐姐点评

从看到题目起,我就一直挠着脑袋,想着什么是"抓憋"呢,看到后面才明白,原来被橦橦忽悠了,"抓憋"就是"抓阄"啊!虽然上当了,但是觉得这种拟题的方法倒是蛮不错的,在一开始就设立个引人入胜的题目,很有吸引读者"眼球"的功效呢!

话题NO.9 糗事

家有糗叔

韦丽雪

俗话说,人逢喜事精神爽。这一点都不错,可我家的小叔呢,是人逢糗事越发衰。真不知道他上辈子是不是得罪了哪路神仙,否则怎么会让他这辈子干那么多糗事去偿还呢?

凡是每个认识我叔叔的人,都会在暗地里叫他"糗神"。和亲朋好友分享小叔的那些经典糗事是我最快活的事。就说骑辆三轮车,要是换作您,绝对不会把车骑到轮子飞的程度吧?可小叔做到了,他不仅能把那轮子骑飞,还能丝毫没有察觉,真是个神人啊!

在那个艳阳高照的日子里,小叔骑着那辆比他还老,且"吱吱呀呀"响个不停的三轮车,一路上哼着走调走得十万八千里的歌,优哉游哉地出门了。可不知道什么时候,那本来固若金汤的车架开始松摇,轮子开始慢慢地和车子脱离。叔叔可没察觉那么多,他仍旧奋力骑着车,哼着连猫儿狗儿都

嫌弃的小曲儿。

轮子那叫一个兴奋，好不容易争取到了自由，于是那么一扭身，轮子就把自己抽离了车身。旋即，轮子投入了大地母亲的怀抱，躺在路上享受起了"日光浴"。可小叔依旧大摇大摆地骑着车，安然无恙地回到了家。虽然我没有目睹这十分滑稽的一幕，但是每当脑补其当时的场景，都会忍不住捧腹大笑。

回到家后，细心的爸爸发现三轮车少了一个轮子，立即"缉拿"小叔归案，质问小叔还有一个轮子跑哪儿去了。小叔像丈二和尚——摸不着头脑。"难不成他长翅膀飞啦？"爸爸那充满怒气的眼神让小叔不敢直视。"也不排除这个可能。"小叔不停地挠着头皮。爸爸像一头暴怒的狮子，朝小叔吼道："你自个儿把这轮子找回来！"小叔听了立刻跑出门找轮子，一边跑，一边迷迷糊糊地说："这轮子该不会真的长翅膀飞了吧？"这时，一个不小心，结结实实地撞上了墙，撞得小叔是眼冒金星。我躲在门背后，看到这一幕笑得前仰后合。

"你这个小鬼躲在这里鬼鬼祟祟的，干什么？"小叔用狐疑的眼神看着我。可我这时已经笑得岔了气，哪儿还说得出话。

后来，听爸爸说，小叔在离家不远处的公路上找到了那个可怜的轮子。说这话时，平时不苟言笑的爸爸都忍不住笑出声来。小叔这个糗出得可大了，方圆十里的人没有一个不认识他，没有一个人不知道他将轮子骑飞还若无其事地回家的光荣事迹。大家只要一看见小叔就会笑，就是现在，我和你们讲这

话题 NO.9 糗事

个经典的故事时,也忍俊不禁啊!

想知道小叔是怎样在少了一个轮子的情况下还能将车骑到家吗?好吧,其实我也不知道。或许这得问小叔本人,但我敢肯定,他是死都不会说的,因为这件事真的让他糗大了,就连那个开小店的老奶奶看见他都会很煞风景地问:"我说小弟,你啥时练的杂技呀,车少轮子也能骑。下回教教我呗,省得我要多安个轮子,浪费钱。"

"小雪,你又在说我的糗事了是吗?"

"啊,没有哇!"

"肯定有,不然我怎么好端端地喝凉白开都被呛住了呢!喀喀!"三十六计,走为上上计。欢迎你将我小叔糗事"发扬光大"哦,不过说的时候千万不要出卖我哦,要不他哪天抓我来收拾可就惨啦!

阳光姐姐点评

能把"三轮车"骑成"两轮车"还安然无恙,毫不觉察,小叔的这件糗事,怎么听,都觉得既糗又牛!只可惜大家都忘记了小叔牛的一面,却总拿这件事笑话小叔,唉唉,其实真是不公平啊!小雪在写这件糗事时,除了突出主人公小叔糊涂好笑的形象,还特别描写了周围其他人忍俊不禁的样子,这更增添了故事的喜剧效果。

校园流行朋友圈

糗到家

宁若岩

寒假终于来到了，舅舅的女儿——梦梦早就嚷着要来我家小住几天。她的到来使我家笑声不断，糗事连连。我怀疑，她到来的使命，就是让我出糗的。

期末考试，妹妹似乎还没考过瘾，非要给我出题考考我，"这小屁孩子，我可比你大四岁，还能被你考倒？出吧！"

梦梦清清嗓子学着老师的样子出题道："A是猪，B是羊，C是狗，记住了吗？"嘿！这小儿科题也敢在姐姐面前显摆，"记住了！"

妹妹问："B？"我快速答："羊！"妹妹接着问："C？"我脱口而出："狗！"妹妹不考倒我不罢休地继续问："猪？"我毫不犹豫地说："A！"我正在为自己的快速反应而沾沾自喜，梦梦同学却莫名其妙地捂着肚子，笑得前仰后合，眼看就要笑倒的样子，我赶快扶住她："你吃笑豆啦！还是被谁点笑

话题NO.9 糗事

穴啦！""你承认你是猪！姐姐你上当啦！"妹妹拍着我的肩膀仍笑声不止地说。我被妹妹耍了，糗得我赶紧钻进房间。

不一会儿，梦梦探头进来。"姐姐，干吗呢？"说这话时眼睛却瞅着房门口的古筝，手还轻轻地扒拉着琴弦，发出流水般清脆的声音。

琴码我刚调过，担心她把弦再弄不准了，就说："梦梦，你想听姐姐弹吗？""想啊！好久没听姐姐弹琴了，快给我演奏一曲。"

于是我缠上指甲，调整好坐姿，拿出像模像样的演奏姿势演奏《幸福渠水到俺村》。由于此曲刚学完，弹得还不是很连贯，为了不露破绽，我故意将速度放慢。妹妹闭上双眼聆听。"姐！怎么不弹了！"妹妹听得正投入，忽地琴声戛然而止，她睁开眼睛问我。我是忘记了，瞅一眼谱子。总不能打自己耳光吧！我谎称："姐姐看你听得入神不。"

"当然，我正陶醉其中，你弹得好好的，看我干啥？继续！"妹妹有些迫不及待。

"我看电视上弹古筝的姐姐特别投入，有的甚至闭着眼睛弹，而且身体、手臂动作特别美。姐姐，是不是你老师教得不好哇！"

"小孩子你懂什么呀！师父领进门，修行在个人，姐姐上小课一节一小时80块钱，老师教得不好，你教得好哇！"

校园流行朋友圈

"那就是你弹得不好。练得不够喽!"

妈妈端着藕合盘子正好从厨房出来,"梦梦说得没错,姐姐练得确实不够。这会儿别用功了,快来吃藕合,香着呢!"

哎呀!没想到小小年纪说话一套一套的,今天我算栽到妹妹手里了。

阳光姐姐点评

妹妹真是人小鬼大,好喜欢这个小机灵鬼啊!可怜的姐姐先是被"忽悠"得团团转,接着,又一套一套不着痕迹地"教育"了姐姐。哈哈,这两个回合,小机灵鬼不战而胜,真是精彩极了!

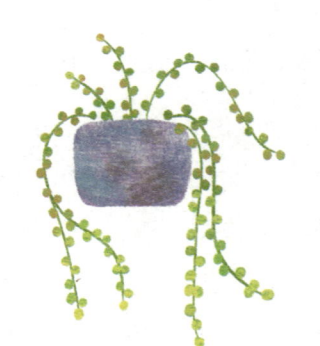

话题NO.9 糗事

苦味巧克力

宋语涵

面不改色心不跳地吞下最后一口黑巧克力后,安素涵微笑道:"这下你认输了吧,其姐?"

被称为"其姐"的男生惊讶之余,认命地点了点头,"没想到这你都受得了!我服了,以后你们愿意叫我什么就叫什么吧……"

刚刚他们在打赌,赌注是男生魏其的外号,安素涵非要叫他"其姐",魏其气不过,拿出了自己一直没吃的一块超级苦的巧克力,说如果安素涵敢把这块巧克力吃了并且眉头都不皱一下,他就随便安素涵称呼。哪知安素涵微微一笑,当时就吃掉了那块巧克力,吃完后还风轻云淡地问了一句,"还有吗?"魏其瞬间被折服,觉得这回自己输大了。

旁边的女生乐呵呵地递上了水,然后说道:"涵姐你太牛了!那么苦都能咽下去!"

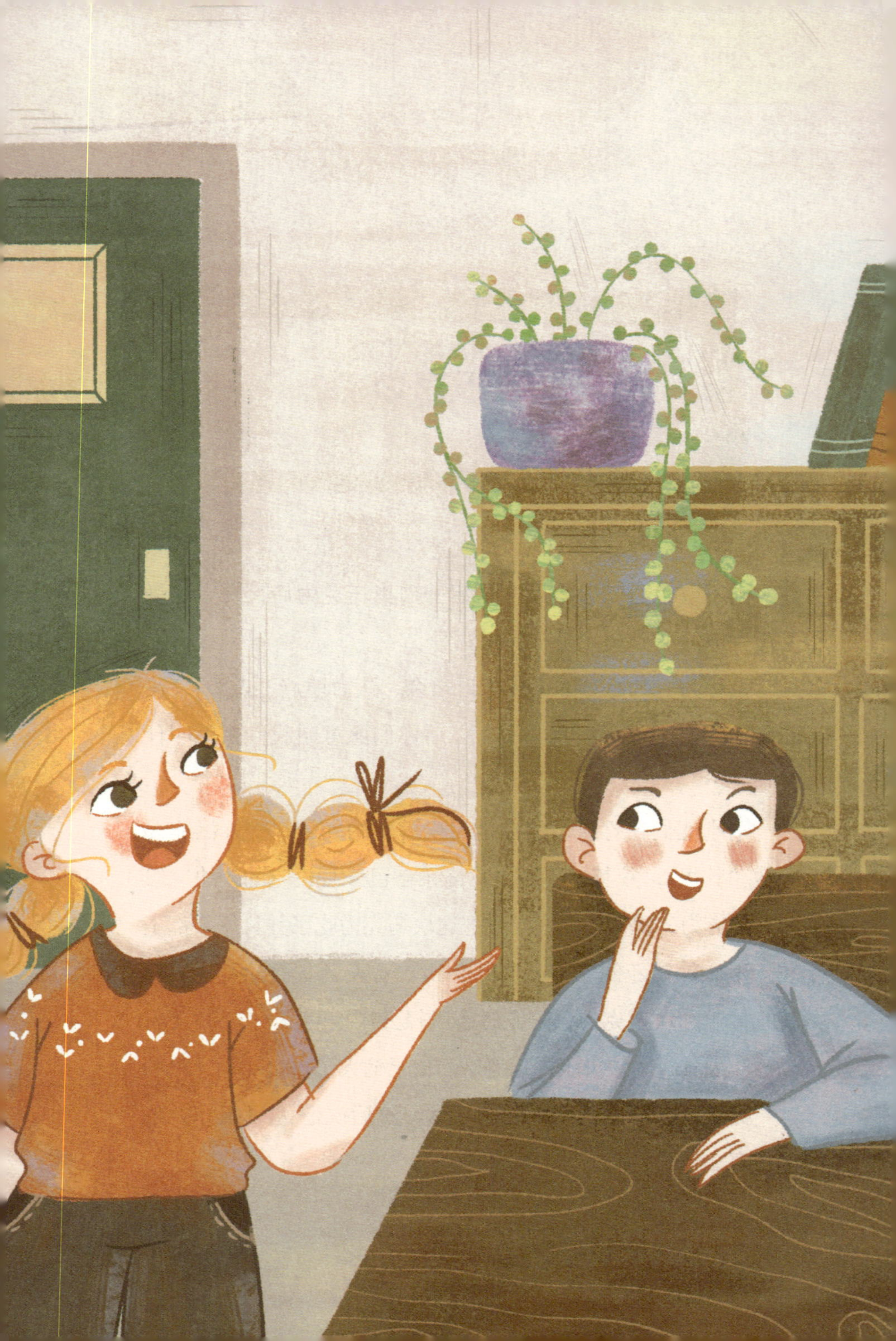

话题NO.9　糗事

安素涵笑得更加猖狂，然后大声回答："那是，想当年……"然后她突然捂住嘴，不说话了。

女生有点奇怪地问："想当年你怎么啦？"

安素涵死命地摇头，心想，这么糗的事情我怎么能让你们知道！

安素涵记得，那是她四岁的时候。那时候她生活在乡下姥姥家，每天对"巧克力"等零食无比的向往。要知道，那时候的乡下可不比现在，那时候大多数人听都没听说过巧克力，更别提买给她吃了！所以，小小的安素涵只能对幻想中的零食流口水。那时的安素涵并不知道巧克力究竟长什么样子，她只听人说过那东西是黑黑的、苦苦的。

有一天，安素涵看见家门口有几粒黑黑的小圆球，很开心地以为那就是巧克力，拿起来放入嘴里尝了一下。两秒钟之后，安素涵把它狠狠地吐了出来，尽管如此，她还是被苦得小脸扭曲，眼泪都流了出来。安素涵拿着小黑球跑进家门说："巧克力好苦哇！"

姥姥大惊，问："你拿羊粪蛋干什么？"

安素涵愣了愣，好久以后才反应过来自己究竟吃了点什么，忍不住号啕大哭。

回忆到此结束。

上课铃正好打响，语文老师走了进来，说道："昨天我给

校园流行朋友圈

大家留了作业,是关于自己小时候的趣事的,不知道大家有没有想好哇?"

同学们七嘴八舌地讨论起来,有人说自己拆了电话差点被电到,还有人说小时候曾自己塞了自己一嘴泥巴……

老师听了很高兴,对安素涵说:"身为语文课代表,你也说一下吧!"

三十几双眼睛齐刷刷地望了过来,安素涵认命地站起身:"是这样的,我小时候……"

唉!又要回忆当年令她出糗的"巧克力事件"了!

阳光姐姐点评

安大课代表真的会在大家面前说出童年的"巧克力事件"吗?想想都觉得后背冷汗直冒,脸红到不行啊。果然涵姐太牛!这篇文章在写"糗事"时用了"插叙"的写作方法。就是在叙述和"其姐"打赌的事件过程中时,暂时中断叙述的线索,插入一段与主要情节相关的回忆故事的叙述方法。这样安排写作顺序,使得文章的结构富于变化,避免了平铺直叙。

话题NO.9 糗事

出糗王的一天

薄睿宁

人非圣贤,孰能无糗?但是,要是频频出糗,糗得连自己都看不下去了,这才是真的算糗呢。这真是正应了那句老话,"人要是倒霉,连喝凉水都塞牙缝"。

话说我嗜水如命,一节课下来,不喝水就觉得喉咙里火烧火燎的,干得发慌。那天上午第一节课间,老师前脚刚走,我就一把抓过杯子,拧开盖子,"咕嘟咕嘟"地倒上满满一杯子水,然后大口大口地往嘴里灌时,我们班里的捣蛋大王——梁飞走过来了。他的眼珠滴溜溜一转,凭着我的直觉,肯定没有好事!果然,他先是摆出了一副十分夸张的表情,大张着嘴,眼睛转个不停,看着我露出了似笑非笑的表情。接着,他又窘态百出,最后竟然十分夸张地仰天长笑起来,"哈哈哈!"

看他像个"小丑"一样表演,我实在是忍不住了,也张开

校园流行朋友圈

了嘴，只听"噗"的一声，嘴里的水就全部吐在了同学张晓的书包上。

顿时，张晓的书包变得湿漉漉的。张晓怒气冲冲地走了过来："谁？谁把我的书包弄成这样的？"

我结结巴巴的，一句话也说不出来，只好指着梁飞："他，他逗我的。"

梁飞却双手一摊，一脸无辜样："你，你可别血口喷人。我明明是看你喷的水。你们说，是吧？"接着，他就用可怜巴巴的眼神望着大家。

此时，张晓却握紧了拳头，眉头锁紧："你们不招是吧？行，等着，我去找老师！"说着，他一拳砸在桌子上，接着，十分愤怒地走了出去。

此时，梁飞却摆出一副幸灾乐祸的表情："你说说，你喝水就喝水吧，还笑。笑就笑吧，还吐。吐就吐吧，还吐人家书包上。吐人家书包上吧，还引来了老师。你说你！还得我跟你一起背这个大黑锅！"

我真是哑巴吃黄连，有苦说不出。心里暗想：唉，只能等老师来评评理了。

不一会儿，张晓领着人高马大的、被誉为"黑包公"的班主任——老王来了。老王"断案"那可是"铁面无私"。这次他会不会明察秋毫呢？

话题NO.9 糗事

老王一进来，就威严地扫了我和梁飞一眼，他的目光看得我是心里直发毛。

"好了，究竟是怎么回事？"老王大声地问道。

"他喝水，他逗他笑，然后，就把水吐在我书包上了。"张晓边指着我们边说道。

"嗯，是这样吗？"老王声音高了八度。

"不对，不对，老师，你可别听他乱说。我没有逗他笑，是他喝水的样子太过好笑，迫不得已，我才笑的。这件事情跟我无关！"梁飞理直气壮地说道。

"你你你，分明就是你逗我笑的，现在，你怎么还诬陷我了呢？你这是恶人先告状！"我也生气极了。

"别吵了，看我怎么收拾你们！"说着，老王就不由分说地在每人的手上都抽了好几大板子。我端着红肿的小手，仰天无语：我咋就那么倒霉呢？真是糗死了。

第二节课课间，我内急了。就以百米冲刺的速度向恶臭扑鼻的厕所冲去。我刚一进厕所的门，就一个白鹤亮翅，一个漂亮的急刹车刹住了。可是还没等笑出声来，一不留神，我就踩到了一块坚冰上。我暗叫一声"不好"，只听"啪"的一声，我就轰然倒地了。

我又羞又无奈，急忙站起来，心说：幸好没有同学看见，要不然，我这堂堂团支部书记，脸面往哪里搁啊？

校园流行朋友圈

真是怕什么来什么，班里几个同学有说有笑地进来了，他们看看我的狼狈相，都大笑起来。有一位同学还指着我，伏在我的耳边偷偷地戏谑道："喂，你的牛仔裤脚开了！"

"什么？"我如同听见了晴天霹雳一般，天！我差点晕过去：我这还怎么出去呀？等大家都离开了，我俯下身子一看，果然，我的新牛仔裤裤脚裂开了一个大口子。那样子十分滑稽，好像也在嘲笑着我。我心里也是十五个吊桶打水——七上八下。这新裤子刚买的，就坏了，妈妈回家可不得训死我吗？再说，说不定还会上演"男女混合双打"呢！

正在我不知所措，偷偷地从厕所里溜出来的时候，突然，一只手搭在我的肩头上："这么着急，干什么去？"

我吓得冷汗淋淋："你，你吓我干什么？"接着，我回头一看，原来是我的好朋友，李立。他笑着说："哎，我就是来找你的。要开会，各班的团支部书记都得去！我得去通知别的人了，你先去吧！"

我在心里暗暗叫苦，没办法，我只好硬着头皮，找来一根铁丝，就当作针线，胡乱穿了几下，然后一步一步地往会议室挪去，走几步，我就四下环顾，看看有没有人注意到我。好不容易，我才走到会议室，里面却是空无一人，原来，会议室"搬家"了，搬到综合楼去了。

我真是又气又急：反正今天都倒霉这么多次了，还怕什

么呢?

好不容易,我才气喘吁吁地到了开会的地点。此时,会已经差不多开完一半了。"这位团支部书记,你迟到了,你是哪个班的?真是无组织无纪律。"一名威严的老师开始质问我。

"我,我……"我再也说不出来,今天我可真是糗死了!

阳光姐姐点评

"人非圣贤,孰能无糗",这句PK口号真是霸气!虽然这么宽慰着自己,但是看看睿宁一天之内发生的各种糗事,还是觉得这一天里,睿宁真是尴尬死了!这篇故事的情节很有起伏,有"一波未平,一波又起"的感觉。

校园流行朋友圈

糗事大舞台

邱慧伶

"糗事大舞台,有糗你就来!大家好,我是主持人铃铛,欢迎各位来'糗事大舞台'栏目做客,我们的宗旨就是大声说出自己的糗事,越糗越好。如果你的糗事够劲爆,那就可以获得'糗事王'的称号,话不多说,直接进入正题。"我把手拿的话筒递给第一个说糗事的选手。

我亲切地问:"小雨姐姐,你是第一位选手,不用紧张,大声说出自己的糗事就可以啦!"小雨稍稍有些忸怩,一副害羞的样子。我继续鼓励她大胆一些。

小雨姐姐手有点颤地接过话筒,微笑着说:"这个故事是我上学的时候,有一天我在上课时正睡得很香很香,梦境已经飘到了遥远的地方。桌子就像一张大床拥抱着我。突然,耳边传来我的名字。说时迟,那时快。我以迅雷不及掩耳之势,噌地站起来。"

话题NO.9 糗事

"然后呢?"我好奇地问,"莫非你大喊了一句:'开饭啦?'"

小雨姐姐摆摆手,一边乐一边说:"全班一起大笑,就连平时严厉的班主任也在乐,她就跟我说:'既然你都站起来,那就等你清醒了再坐下吧!'这个够糗的吧?"我赶紧点点头,对着观众说:"多么可爱的小雨姐姐,还有一位多么可爱的班主任啊。现在我们听听下一位选手的糗事吧!"

不等我说完,热情的橙子姐一把抢过话筒:"大家好,我就是传说中的橙子。我的糗事可糗了,大家要不要听?""要!"底下也跟着沸腾起来。我对橙子小声说:"姐姐,你可真有当主持人的料,过几天就可以抢我饭碗了。"

橙子很有主持人范儿地说:"我可要爆料了哦。有一次,一个帅哥朝我迎面走来,我正好正对着他走,我要出门,他要进门,而且门又有点挤。眼看要撞上了,我想坏了,怎么能和大帅哥撞上呢?我第一个反应就是向右走,我紧贴右边,没想到帅哥跟我同方向。啪,撞上!尴尬,糗;第二秒,我们同时换方向,啪,继续撞上;第三秒——""姐,你不会又撞上了吧?"我着急地问。

"听着,比这个更糗,我大喊了一声:'你往右,我往左。'那帅哥也真听话,这回是一个几乎热烈的拥抱,糗死啦!旁边的门卫还小声说:'这女孩儿,你的右边不就是他的左边吗?'我真的是糗爆了,和帅哥撞了3次,尤其是最后那句很傻的

校园流行朋友圈

话。"我激动得直拍手,有点幸灾乐祸地说:"其实那个帅哥一定更糗,竟然听你的话!"

我把话筒接着传给下面的参赛选手,听到了更多糗事:什么找东西,发现东西就在眼皮子底下;进错有人的卫生间;说出雷人的口误……

最后到了评选环节,我高喊着口号:"糗事大舞台,有糗你就来!下面进入投票环节,请大家拿起自己手中的表决器,为你认为最最最糗的那个选手投上宝贵一票。今晚票数最多的人将会成为'糗事王'。"

大家纷纷埋头在表决器上投下自己宝贵的一票,屏幕上的票数交错上升,一会儿你第一,一会儿他反追,一会儿另一个人又成为得票最多的人……

"朋友们,今天的'糗事王'已经评出来了,她就是——就是——"(广告一下,马上回来,广告只有60秒啦)。

"她就是3次和帅哥撞脸的糗事王——橙子姐!"

阳光姐姐点评

哈哈,拿小雨和橙子两位小编开涮,虽然故事是虚构的,但倒是都写出了人物特点呢!这篇作文很有"现场"感,一读就知道,铃铛平时没少看这类的综艺节目吧?"主持"起来头头是道,就连插播广告这样的细节都没有忘记!

话题NO.9 糗事

我"吃"了一次牙签

方思妍

　　要说起我的糗事呀,那可是三天三夜也掰不完哪。为了写这篇文章,我决定自毁形象,把最糗的一件事拿出来晾晾。那次我竟然"吃"了牙签!

　　那天,我和姐姐一起去面馆吃面,一进门我就闻到了扑面而来的香味,惹得我肚子里的馋虫大呼要造反!好不容易找到了张桌子坐下,拿起菜单就一阵乱点:"我要两份牛肉面,都是加大份的,一份加葱,一份不加葱!"

　　在我肚子里的馋虫狂喊了一百遍:"我饿死啦!"之后,面终于上来了。香喷喷的牛肉面差点把我的口水勾下来了。这时,我看到我前面那桌的叔叔拿起一个罐子,猛地往他的面里倒。一边倒还一边说:"吃面怎么可以不加醋呢!加了之后味道那个鲜啊!"听了他的话我心里那个激动呀,原来让美味更美的秘诀是加醋,赶紧试试!

　　眼盯着我的牛肉面,手在桌面上一阵乱摸。我摸到了一

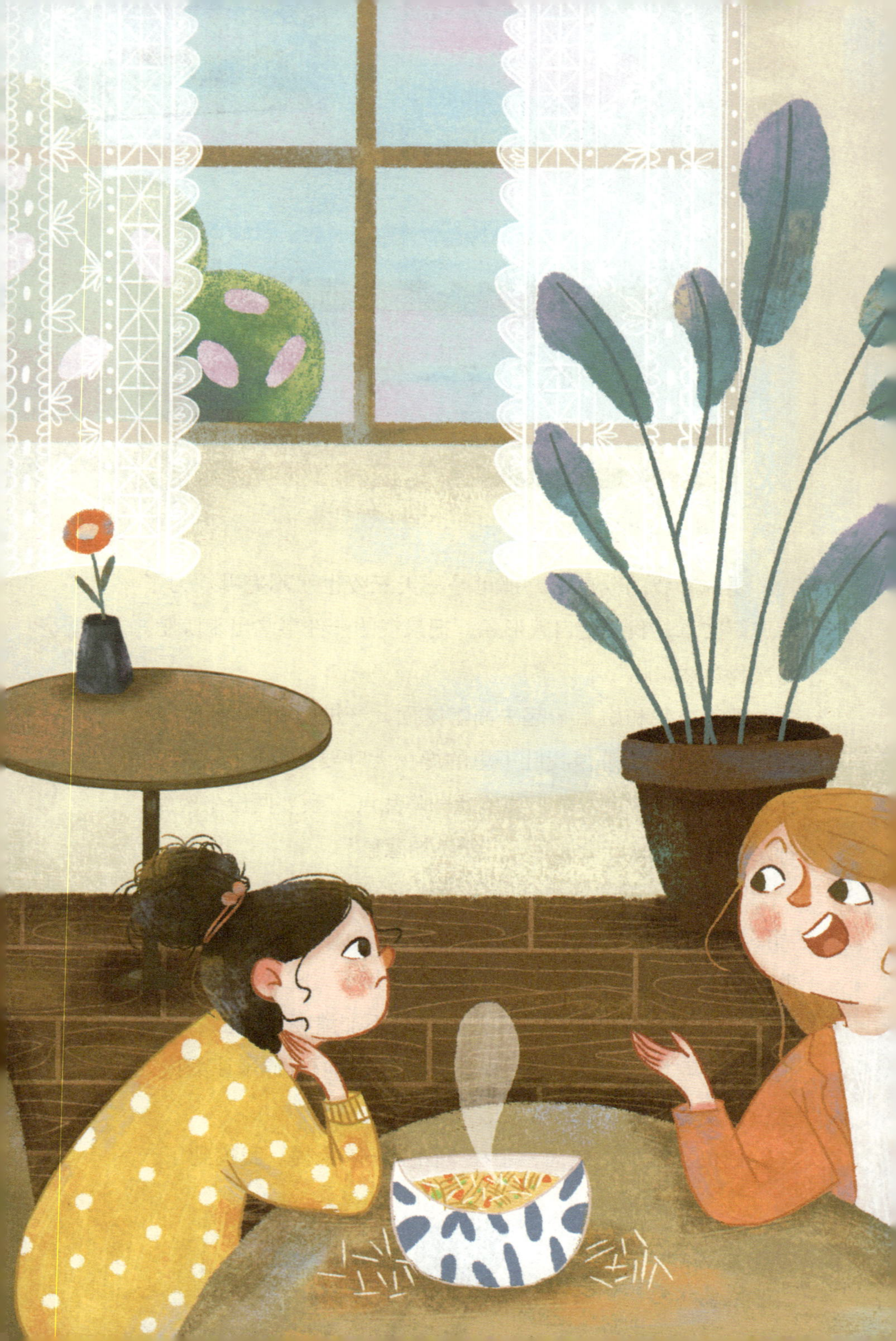

话题NO.9 糗事

个冰冷冷的罐子，没有多想，便往我的面里倒。3秒后，整个面馆都听到了我的咆哮声。

"啊呀呀呀呀！牙签！"

这时，我的面碗里都是牙签。我愤怒地看了看手里的罐子，哎呀，怎么拿成牙签罐了！

就在我为我的面默哀时，一直默默地看着我出糗的姐姐说道："你拿的又不是辣椒酱，把牙签挑出来吃面吧。"

于是，我就在众目睽睽之下，把牙签一根一根地往外挑。这期间，我听到无数人的议论、窃笑。唉，真是丢脸丢到西班牙了！以后我是不能来这家面馆吃面了，呜呜，可是这家面馆的牛肉面是无人能及的呀！

在我一根根把牙签挑出来后，更"悲剧"的事情发生了：我的面都坨了！

那次吃面，不仅让我丢尽了脸面，"吃"了一次牙签，还让我吃了一碗坨面，我真是太可怜啦！

阳光姐姐点评

当"馋虫"们占据了小吃货的大脑，自然就再也没有脑细胞去关注你撒的究竟是醋还是牙签了呀！哈哈，出了大糗，就算面没有坨，吃起来，大概也是脸红的味道吧！糗事多多的孩子，总是让人感觉特别的可爱。

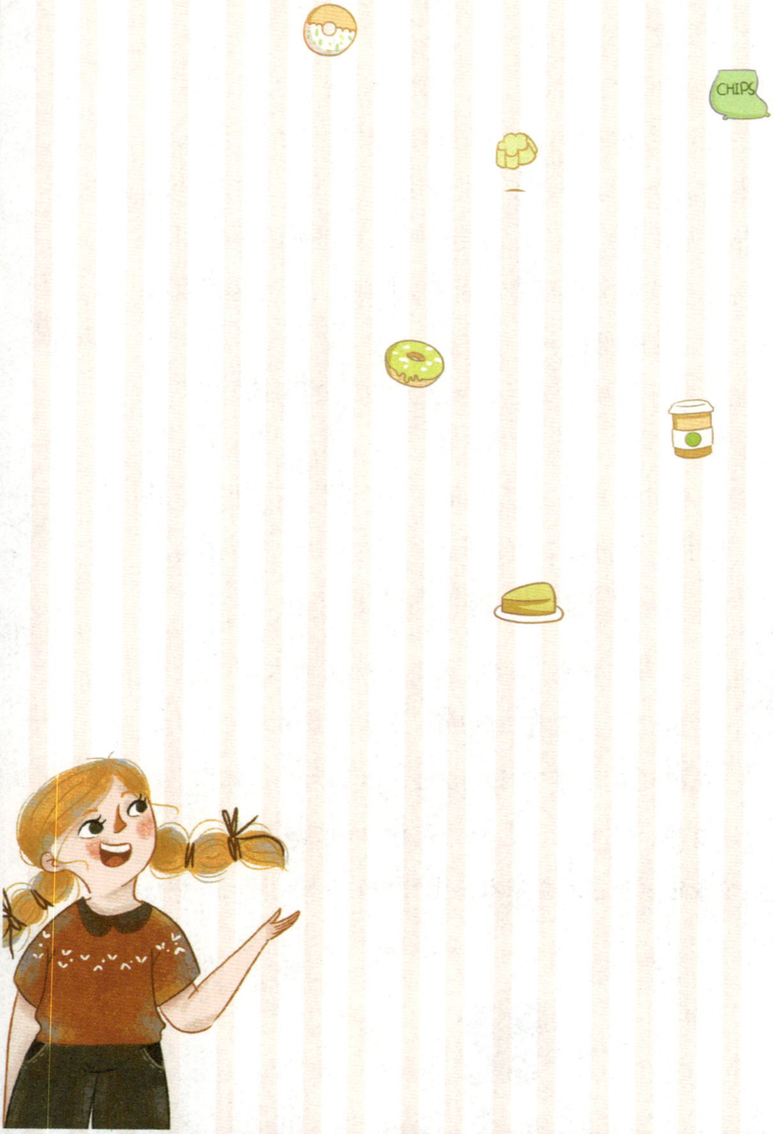
CHIPS

话题 NO.10

流 行

校园流行朋友圈

【七嘴八舌小密探】

阳光姐姐：我很想知道，小朋友们认为现在社会上最流行什么呢？

王俊凯的小迷妹：TFBOYS，因为我们班好多男生女生都很喜欢他们三个，而且我妈妈也支持我追星，让我好好向我的"爱豆"们学习，多才多艺成绩又棒，妈妈说等我考上重点高中，就可以去看他们的演唱会啦。

大风车：肯德基，因为每次有同学过生日，大家都很乐意去肯德基点上好几份全家桶，撑到肚子爆炸。

许大哈：穿漂亮的裙子，因为夏天一到，校园里的小女生就会迫不及待地穿上长裙、短裙、背带裙……

Fighting：广场舞，我勤劳的奶奶现在已经不再负责刷碗了，每天吃完晚饭就和小区里的奶奶们约着去公园跳广场舞，一年四季，从未间断。

杏子熟了：玩游戏，因为不光我喜欢，我弟弟喜欢，我爸爸喜欢，我叔叔伯伯都喜欢……

阳仔：养猫咪，我发现很多人家里都养了名贵的猫咪，主人还要经常给猫咪梳毛、洗澡、剪指甲……呜呜呜，我感觉小猫咪过的日子比我好太多了，我在家动不动就被我老爸揍。

话题NO.10 流行

Smile：报兴趣班，因为我妈妈老是和我讲她同事的孩子有去学芭蕾的啦，有去学画画的啦，有去学跆拳道的啦，所以非得让我去学个民族舞，哎哟我这老胳膊老腿的，哪儿来的艺术细胞哇。

六石：赚钱，因为我老爸天天忙着赚钱，我都一周没见到他了，已经快忘了他的样子啦。

【话题作文大PK】

发烧出没，请注意

周烙煜

最近，学校里流行感冒，不断有人发烧请假，为此，学校还向全体学生家长发了《致家长的一封信》，强调控制发烧感冒的重要性，要求学生退烧两天后才能返校上学。同时，学校每天给每个班级桌椅消毒，给同学们熬什么"中草药汤"，每天登记请假人员……而最具代表性的要数"撵人事件"。

这天，我班于靖晗同学因发烧请假，次日退了一点烧，还没完全好，便坚持来校上学。这要放在平时，多好的一个学生啊，带病上课！但是今天，她来得很不巧，正好赶上老师向全班同学传达学校新规定：为了防止病毒传染，必须发烧完全好透的两天后，才能返校上课。如今于靖晗刚刚退一点烧就回学校上课，这不是典型的不守规矩，有意扩大流行感冒病毒的传播吗？

话题 NO.10 流行

胡老师望望刚坐下的于靖晗说:"咦?你怎么来啦?"

"我……我好一点了,就回来了呀……"于靖晗没有听到老师的通知,所以对这个问题一脸迷茫,觉得很奇怪。

这时,又恰逢学校负责登记请假的值周生来我班登记了。胡老师赶紧用手朝于靖晗一指,声明道:"喏,这儿有一个学生退烧后没停够两天,我们正往外撵呢!"顿时,全班同学哄堂大笑,于靖晗慌忙站了起来,其窘样可想而知。

老师严肃地向于靖晗说明学校的新规矩,而她的同桌张续骞,则手忙脚乱地给于靖晗收拾着书包。于靖晗听完老师的说明,总算明白了到底是怎么一回事儿,她连忙慌乱地点着头,飞似的奔出了教室。

"喂!于靖晗,书包!你的书包哇……"同桌张续骞迅速地追了出去,低着头把书包往于靖晗怀里一塞,又迅速地折回座位,动作出奇地迅速,好像生怕于靖晗反悔又回到座位上,又好像生怕接触过多被传染上似的。

我听见有人小声地说:"太好了,发烧可以不上学,快点让我也发烧吧。"

看到这里,你也许会说:"老师不让学生上课?流行感冒有这么可怕吗?发烧也没那么值得大惊小怪的吧?不会是杜撰出来的吧?"

我保证:这是真事!而且,我郑重警告大家:发烧出没,

校园流行朋友圈

请注意！

阳光姐姐点评

阿嚏！一边看稿件，一边忍不住打了个大喷嚏，是不是小煜把流行感冒也传染给我了呀？哈哈！"流行"本来是个时尚的话题，"感冒"本来是个让人头疼的话题，"流行"和"感冒"加在一起，更应该是个"头疼的时尚"问题，可是到小煜这儿好像却有了几分开心的味道，因为发烧可以正大光明地不上学，感冒的同学被老师赶回了家，这多让人"羡慕"哇！

话题NO.10 流行

感谢那阵幸运的风

黄逸涵

幸运星，曾在我们班流行多时。看着那一只只小小的星星躺在手心，人人心里欣喜不已。如此可爱的幸运星，制作的过程却不易。

在我九岁时，我曾看见那些大哥哥大姐姐拿着一把星星纸，挑起一根，两手翻花，动作快得令人眼花缭乱。挑、折、叠、捏，经过几个步骤，一个幸运星就诞生了。看看那些幸运星，图案是如此美丽，形态是如此多样，有小熊维尼，有米老鼠，有漂流瓶，还有爱心……不同个数的星星，代表的心愿也不同。

我也眼馋了，每次都躲在角落里，偷偷地看高年级的哥哥姐姐们怎样折，无奈他们动作实在太快。最终，我只好硬着头皮，找他们拜师学艺。看着这些星星纸在师傅们的手里如此听话，想让它们怎么样就怎么样。我信心满满，觉得折星星也

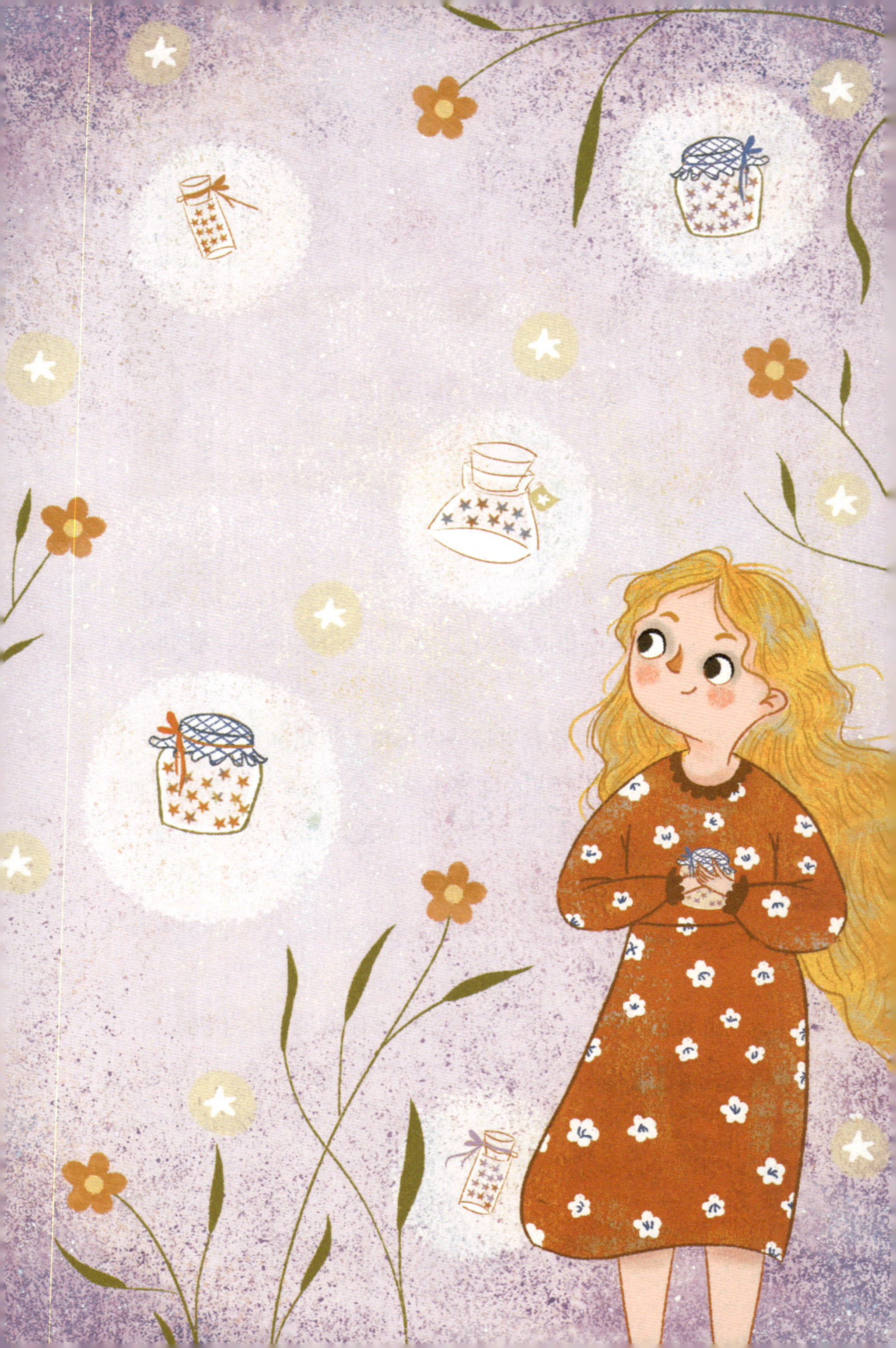

话题NO.10 流行

不过如此。我接过一根星星纸，学着师傅们的样子依葫芦画瓢。可是怪事出现了，在师傅手里那么听话的星星纸，在我的手里却那么顽皮，怎么也折不好。

我不着急，而是继续耐心地学着。终于，一个像模像样的星星诞生了。看着它躺在自己的手心里，我心里万分高兴。

我成了我们班的折幸运星小达人，也收了一些慕名而来的徒弟。我像当初师傅们教我一样，手把手教着徒弟们。他们起初也跟我一样笨拙。瞧，倪郁冬折出来的幸运星缺胳膊少腿；樊佳怡费了九牛二虎之力也没能把幸运星鼓起来，仔细检查，发现在打雏形的时候压得太扁了……不过，功夫不负有心人，他们折得越来越精美，技艺也越来越纯熟了。

看着他们不断地进步，我无比欣慰。渐渐地，我不满足于此，开始积攒星星，五个，十个，二十个，一百个，五百个……盒子放不下了，放瓶子；瓶子放不下了，放罐子……由于要折的幸运星非常多，需要耗掉大量的星星纸。几乎每天都能看到一个扎马尾辫的女孩儿从小卖部满载归来，兴冲冲地抱着一包星星纸，出现在教室门口。她，当然就是我了。积攒了好久，终于积攒满1000个了！看着这满满一罐幸运星，我开始沉思，该许什么愿望呢……

幸运星，是幸运的使者，也是汗水的结晶。谢谢你，曾带给我们的一份温馨，一份快乐。

校园流行朋友圈

阳光姐姐点评

小学校园里，总是会有各种各样有趣的流行事情，想起我小的时候，一会儿流行某种贴纸卡片，一会儿流行某个明星。但是女孩子里，最快乐的流行事情，就是这种编花绳、折幸运星的手工活啦，你瞧逸涵描写的折幸运星的步骤：挑、折、叠、捏，再瞧瞧她让人眼花缭乱的折纸动作，是不是非常熟练、很厉害的样子呢！

话题NO.10 流行

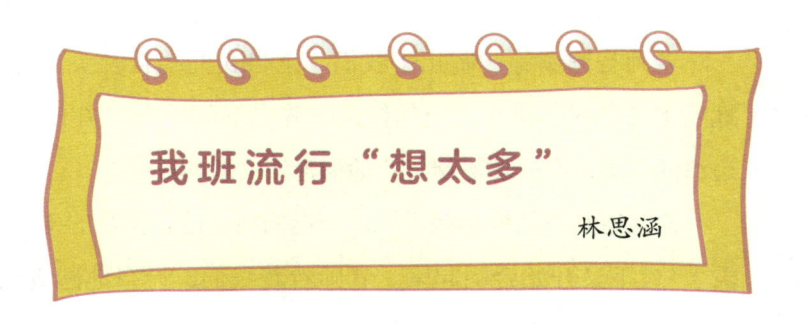

我班流行"想太多"

林思涵

一大早,同桌一个人站在教室的走廊里若有所思地眺望远处的天,对着刚要进教室的我缓缓吐出一句话:"你有没有觉得,最近我们班的人有点想太多啦?"

我眨巴着眼睛,很认真地回忆了一下:"啊?有这回事?你想太多了吧!"

同桌顿时来了精神:"不信,我们今天就来看看!"

语文课

语文老师夹着一本教案轻快地走进教室,台下响起了热烈的掌声。老师满面春风地翻开语文书:"同学们,今天我们上的是第十九课《在山的那边》。"话音刚落,某个犄角旮旯儿里传来某同学的歌声:"在山的那边海的那边,有一群蓝精

灵……"顿时,四面八方传来应和的声音,教室一时间变成了蓝精灵之家。

老师杏眼圆睁,制止了我们。正当我们吐着舌头,会意地闭上嘴巴时,讲台上突然传来一阵尖细的铃声:"在山的那边海的那边,有一群蓝精灵,他们活泼又聪明……"

语文老师尴尬地拿起手机,一把掐断了这首美妙的《蓝精灵》。台下又开始合唱起来。老师看着我们,无奈地感慨道:"疯狂的原始人啊!想太多!"

数学课

数学老师拿着超级长的戒尺,拍了拍讲台,两片嘴唇迅速地翻动了起来:"小明从甲地出发。十分钟之后,一条狗从乙地出发。这条狗从乙地跑到甲地,又从甲地重新出发……"

台下的小手齐刷刷地举了起来,同学们用热切的眼神盯着数学老师,老师迫不得已停下了讲题:"有什么问题?"

一同学站了起来:"老师,我想知道,为什么那只狗要去追小明?"老师还没来得及回答,下面已经议论纷纷:

"是呀是呀。那只狗很累呢。"

"小明为什么要和狗赛跑呢?"

"那只狗会不会和小明有仇呢？"

数学课代表站起来，说："老师，我们班的同学最近有点不正常啊。多多包涵。"

数学老师推了推眼镜："孩子们，想太多不好哇。"

班会课

班会课上，老班热情洋溢地开口："同学们，今天我们为我们班想一个标语吧！"下面的同学纷纷踊跃举手。

励志型标语："我们是十二班，我们为自己代言！"

埋没型标语："十二班，非同一般。"

友爱型标语："我们有梦，我们追梦，我们是十二班。"

霸气型标语："天上地下，唯我独尊！"

老班的冷汗顺着额头一下子就下来了，一语敲定："想太多吧，孩子们！就'强健体魄，报效祖国'吧。"

角落里一个声音弱弱地说："我还是支持'天下地上，唯我独尊'……"

在这个寒冷的冬天，我们是那么喜欢"想太多"，那么固执地团结友爱，因为我们是十二班。我想说，我们用天真的"想太多"换来一冬天的温暖，一冬天的冷融化在快乐的"想太多"里。

校园流行朋友圈

阳光姐姐点评

好热闹的班级呀！好活泼有趣的一群孩子！所谓"想太多"，其实就是天马行空、无拘无束地自由联想，这种自由联想，让原本平淡枯燥的学习生活，变得有滋有味、丰富多彩起来，让学习变得更加快乐有意思。但是，也要提醒大家，偶尔"想太多"是学习中的调味剂，常常"想太多"，可是会分散听课学习时的注意力，干扰其他同学的。"想太多"要注意时间和场合哦。

话题 NO.10 流行

我们班的隋唐风

袁义翔

在寒假到来之前,我们班曾刮过两股风,一股是寒风,另一股是隋唐风。大家都知道,前段时间上演了历史剧《隋唐英雄》。里面的秦琼手拿两支锏,挥得那叫个出神入化。李元霸高举铁锤,只需轻轻一动,便可以吓得敌人屁滚尿流。正是因为此剧的热播引得我们这个班,也开始流行起了"隋唐风"。

自从看了这《隋唐英雄》,班里的几个女生商量着也想编演一出"隋唐戏"。公主、妃子、皇后都成了她们竞相扮演的对象。可那些大将由谁来演呢?这使女生很郁闷。

那天,我依旧在看书。坐在我前排的"嬉皮男",突然转过头,眉头一扬,嘴巴歪起,微眯着眼睛对着班里的"泼辣女"一副讨好地说道:"嘿!那个……你们需要将军吗?"这话一说完,那脸立刻成了"西红柿"。经他这样一问,女生们反倒不好意思起来。因为她们正愁没有男士加入呢!

校园流行朋友圈

"哎哟喂！好哇……你看你想来个什么角色呢？"此时的"泼辣女"原本犀利的眼神顷刻间转成了公主般的百般娇柔。说得"嬉皮男"胳膊上一阵阵起"小米"。

"像我这样帅的男生，喀喀……当然……当然是想当罗成将军喽！""嬉皮男"一边自恋地拍着胸脯，一边说着。

"这个嘛，嗯，让我想想——""泼辣女"把后音故意拖得老长，看着一旁脸依然像柿子的"嬉皮男"，语重心长地说，"好吧！给你一次成名的机会，不过你一定要认真把握才行噢！"

这次的"隋唐戏"事件，正式拉开了我班"隋唐风"的序幕。

接下来说一说，语文课上上演的"隋唐风"吧。那天，袁老师正风趣地讲着课。突然让我们猜半春加半秋是什么字？大家都跃跃欲试，可又不敢轻易说出答案，怕说错了招来大家的笑话。外号"瞌睡虫"的刘同学，也就是我同桌，正在梦中会周公呢。此时，袁老师的眼睛像紫外线一样扫射着全班，一下子就发现了正在迷糊中的"瞌睡虫"，便立刻点名让他回答。

真是不幸中的万幸，只见"瞌睡虫"刘同学微睁着眼皮，环顾了一下四周，不紧不慢地答道："是秦！"刹那间，"幽默男"小赵犹如点燃的爆竹回应道："兄弟们，大姐们，是秦琼的秦！"大家一起大声说道："秦——琼！"虽然刘同学明明

回答对了答案，但是因为让班级里一下子炸开了锅，原本安静的学校环境遭到了破坏，袁老师十分生气，大声吼道："你俩，到外面罚站去！"

这股"隋唐风"一直不停地刮在我们周围。除了英雄人物让大家崇拜不已，隋唐女性的服饰更是让本班女生推崇备至。不知何时，校门口的小卖部里出现了几种女孩子家戴的首饰，虽然是塑料的，但只要是我们班的女生走过，眼球便会被这些个玩意儿叼了去。于是，我们班里又出现了这种七零八碎的小玩意儿。

前排的"小魔女"是我们班的"风流人物"，最喜欢新鲜的东西。这次，她也买了一个，戴在手上。经常有事没事地左看右看。她的眼珠在眼眶里打着转，细心地盯着手腕的每一个部位，看一遍觉得欣喜，看两遍觉得它太美，看三遍嘴就停不下了："我真像凤凰！"说着，不停地拨拉着她的"首饰"。这时，"幽默男"抬起他那颗冬瓜大脑袋，终于无法忍受地说道："对，你的确像只土鸡。"这下，俩人厮打在一起。老师进来了，问："你们怎么回事？""他说我不是凤凰。""她本来就是一只土鸡。"而后这两位"仙人"被老师请去办公室喝茶。

如今，虽然班里的"隋唐风"已经慢慢刮走了，但有时回想起那些存在记忆里的快乐，我总会陶醉其中。

校园流行朋友圈

阳光姐姐点评

演隋唐、说隋唐、扮隋唐,好一阵"隋唐风",真正地席卷了全班,让每一个班级成员来了一次"穿越"。在这阵"隋唐风"里,大家对英雄人物无不敬仰膜拜,其实,"隋唐风"也是刮来了一股"正能量"呢!

《爸爸去哪儿》综合征

傅伊旸

"老爸,老爸,我们去哪里呀?有我在就天不怕……"传出这样声音的教室,必定是我们班。湖南卫视正在热播《爸爸去哪儿》节目,节目的主题歌传遍了整个班级。不知不觉中,每个人都染上了"《爸爸去哪儿》综合征",男生"中毒"至深。

"田亮作词"

语文老师让我们背诵"百科知识",并在第二天去组长那儿背出。不背不知道,一背,背出个笑话来。第二天,组长抽背,按学号轮背。轮到我时,我心里正想着《爸爸去哪儿》里的情景呢,背书什么的都心不在焉。于是,我想也没想,脱口而出:"我国国歌是《义勇军进行曲》,'田亮作词',聂耳……"

没等我说完,周围的同学就爆发出一阵大笑声。我愣了

校园流行
朋友圈

几秒钟，然后一下子红透了脸。因为田亮是《爸爸去哪儿》节目中的人物，我竟然把"田汉"说成了"田亮"。组长开玩笑地说："不错嘛，田亮当运动员前还写了我们中国的国歌呀！"我不好意思地吐了吐舌头，也笑了。

天不怕地不怕

信息技术（电脑）课上，老师讲完课，留了十五分钟给我们自由听歌，把自己喜欢的歌下载进电脑。我们无一例外地下载了《爸爸去哪儿》主题歌，无一例外地开始猛听这首歌。大家都摇头晃脑，听得不亦乐乎。

这时，寂静的电脑房里响起了一声歌声："老爸，老爸……"大家立刻把目光转移向那个"肇事者"——陈奕仰，他戴着耳机还在摇头晃脑呢。见此情景，我们捧着肚子大笑了起来，笑得眼泪都出来了。陈奕仰吓了一跳，反应过来，看我们都在笑，只好跟着苦笑。此后，我们见到陈奕仰就对他唱："老爸，老爸，我们去哪里呀？有我在就天不怕地不怕……"陈奕仰不好意思极了。

地下"演唱会"

说到这个症状，男生表现尤其明显。这不，他们正偷偷

话题NO.10 流行

地排练着一个"小型演唱会",唱的就是《爸爸去哪儿》的主题歌。他们悄悄地把歌词都给打印了下来,下课后三个一堆、五个一群地开始排练呢。有几个女生知道了,也不揭穿,看着男生这样子大笑不止。为了这个"演唱会",男生们"病状"越来越严重,几乎每一句话都会带上歌里的歌词,或者节目中的经典台词。

终于,在某一个课间,男生们全都站成一排,手里拿着歌词单开始唱起来,但是并不整齐,教室里传出一阵凌乱的歌声。男生们乱唱一气,根本合不上调子,引得女生们狂笑不止。教室里一片混乱。这巨大的声响让隔壁班的同学都好奇地跑来看了看。直到上课铃响起,才结束了这场混乱的"演唱会"。

这股传染风直至现在还没停止,大家都深陷《爸爸去哪儿》的旋涡之中。不过我还是希望这股传染风快快离去。"宝贝,宝贝,我是你的大树……"哦不,那帮"疯狂粉丝"又来了,我还是赶紧捂住耳朵,溜之大吉!

阳光姐姐点评

这档很火的电视节目,我也爱看。没想到的是,这股流行风,居然刮到了班级中,使得处处沾染上了《爸爸去哪儿》的印记,于是生活突然开始新鲜有趣起来,糗事不断,乐事不断。作文内容很有趣,文风很活泼!

065

校园流行朋友圈

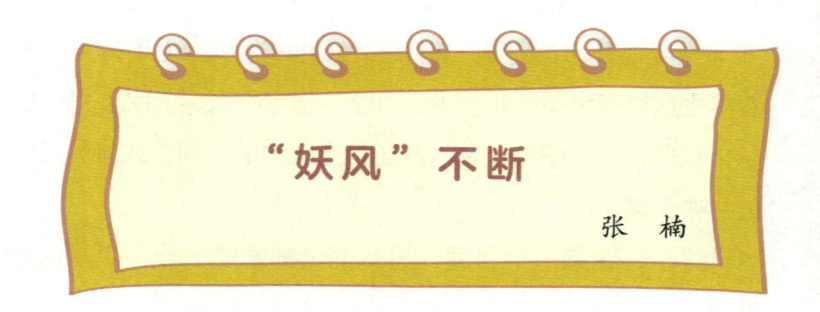

"妖风"不断

张 楠

自从我们的老班换成幽默诙谐的物理老师,我们班也变得空前活跃,但可能是因为物理这门课程太过深奥,让同学们变得善于钻研,我们班刮起了一阵阵"妖风"。

"钻牛角尖"风

"同学们,翻到课本第 48 页,把这六道题做在作业本上,下课之前课代表收上来。"说完,数学老师便去开会了,我们也开始做题。但不一会儿的工夫,我们就恢复了本来面目,开始叽叽喳喳说个不停。突然,不知从哪儿冒出来一句"你不是男的",紧接着又有一个人说"我就是男的"。

这可让我那话痨同桌一字不漏地听见了,他转头说道:"你舅是男的,跟你有什么关系?""我说我就是个男的,你

看不出来啊。""我知道哇，你说你舅是个男的，我没见过啊。"哎哟，这都哪儿跟哪儿呀，我们都停下来看笑话，课代表怒了，说道："别吵了，有你们这么钻牛角尖的吗？下次我带你们去斗牛场，有本事就去钻哪！""行！"我同桌宁死不屈的表情又让我笑了足足半节课。

蜘蛛风

上美术课都在美术教室里，所以纪律就自由多了，这节课老师让我们自由创作，我和左杰玲在一个组，画着画着，突然有一只米粒大小的蜘蛛掉在了素描纸上，于是乎，我们就开始不务正业。

首先，我们让蜘蛛在纸上自由爬行，用铅笔画出它的行进路线，左杰玲突发奇想，说："咱们给它织个网吧。""好。"说干就干，我找了一个笔帽扣住蜘蛛，紧接着我们在4开的纸上画了一个鸡蛋大小的蜘蛛网，等画好之后，我们也就快笑岔气了，这么不成比例的图，要是被老师看见，肯定得被气成高血压。

我们不舍得就这么把小蜘蛛放了，决定用它恶作剧一把，把蜘蛛放在了画具的顶上，我们看哪看哪，就看见蜘蛛在画具的顶上结了半节课的网，你能体会到笑得连声都出不了的痛

苦吗？

从此以后，越来越多的同学开始喜欢上蜘蛛了，甚至还有男生养起了蜘蛛当宠物。

"益达"风

我拿着一沓英语试卷进来，因为上星期安鑫没来，老师让我把整个6单元的习题卷拿给他，不知道是不是我脑袋短路了，竟然来了一句："嘿，你的一沓。""不，是你的益达。""这是你的一沓。""这不是我的益达。""这就是你的一沓。""这真不是我的益达。""我说是就是，拿着，你的一沓。""这真不是呀……"

就在我临近崩溃的边缘，我的话痨同桌又神来一句："一沓考试卷，关爱成绩，更关心你。"这下全班都变成了一片欢乐的海洋，"砰！"年级主任破门而入，安鑫愣了一下（他正站在椅子上推销他的"一沓考试卷"），"下来，你干吗呢？"年级主任的脸比黑巧克力还黑。

"我，我，我卖一沓的。""你卖益达？跟我去办公室！"后来，听安鑫说他在办公室里接受了一阵噼里啪啦的"暴风雨"。

在我们班，你永远也不会知道下一秒会刮起什么风来。

话题NO.10 流行

阳光姐姐点评

班里有活宝，就永远不会无聊。虽然小楠写的是班级里刮的各种流行风，但是那些有趣的班级活宝却给我留下了深刻的印象。那个爱钻牛角尖的"话痨同桌"，在纸上画出蜘蛛行走路线的小作者和死党，他们说出的"名人名言"，做出的无厘头举动，让人读了哑然失笑。

最近流行踢毽子

任蔷羽

最近我们学校流行起了踢毽子,但是我水平太差,同学们都不愿跟我分在一组。爷爷奶奶年轻时都是踢毽子高手,决定在家里给我开小灶。

我用的是在学校门口花五角钱买的塑料丝毽子,太轻,下落的时候还歪歪扭扭的,"工欲善其事,必先利其器",爷爷专门跑到乡下,收集了一大把老公鸡的鸡毛,戴上老花镜给我缝了一个真正的鸡毛毽。爷爷还跑了好多商店专门给我买一双布鞋,鞋帮是平的,特别适合踢毽子。

星期天一早,我们就来到小区花园踢毽子。爷爷和奶奶先做示范,只见彩色的毽子上下翻飞,像一只快乐的小鸟,我不禁跃跃欲试,不过我动作不得要领,每次只能踢一下。爷爷给我示范了几次,我还是没有摸到门道。我有点恼火,噘起小

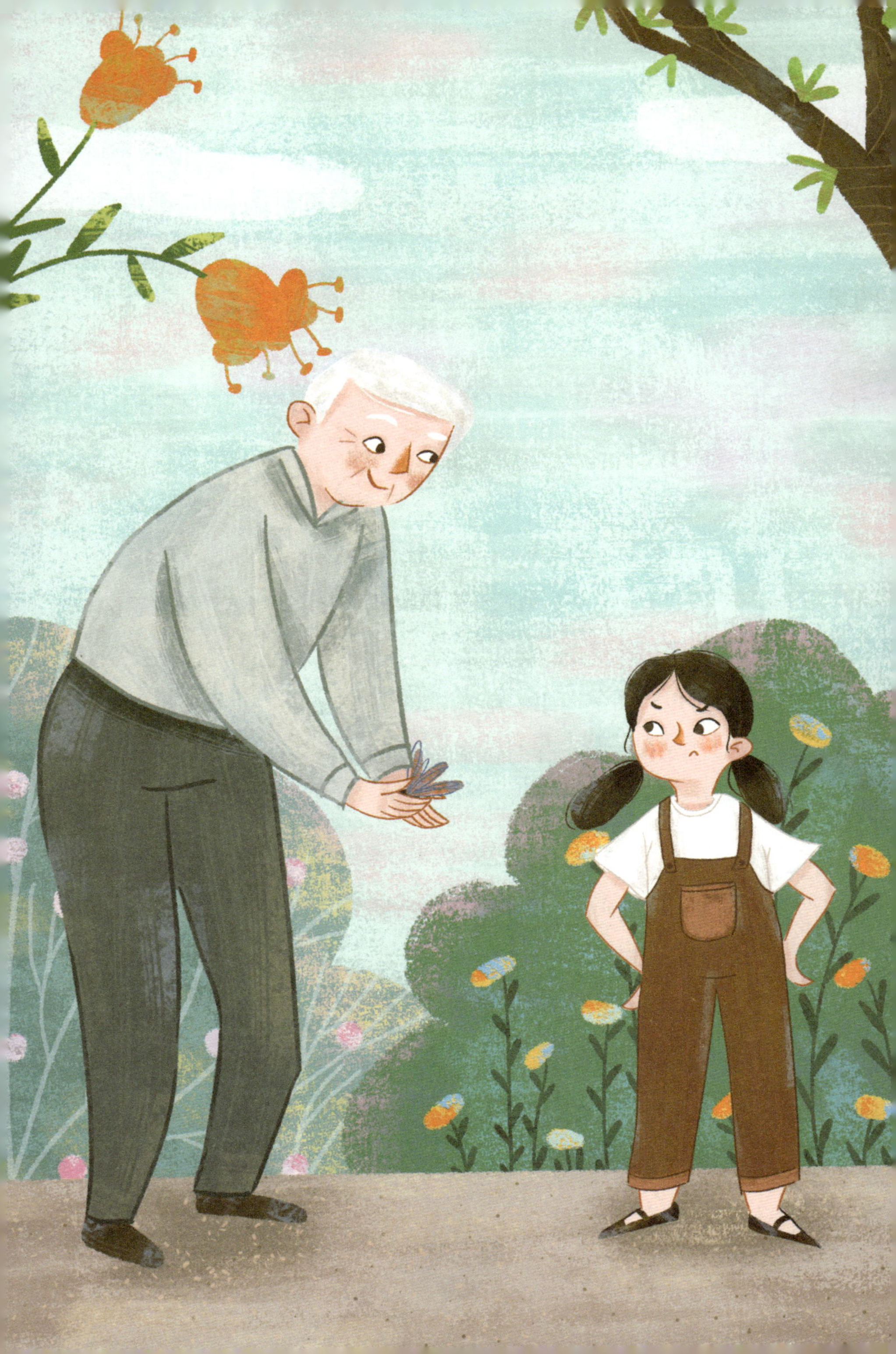

校园流行朋友圈

嘴，把毽子一扔，不愿意再踢了。爷爷走到我身边，把鸡毛毽又递到了我手里，表情少有的严厉："踢毽子本来就是娱乐，但是你遇到一点点困难就打退堂鼓，这样玩什么都玩不好，干什么都干不成！"

奶奶也在一边为我打气："我们小羽是好样的，才不怕这点儿困难呢！"

爷爷说："把毽子踢得高一点，这样就有时间调整步伐了。"我按爷爷说的做，很快就能连踢上两三个了。爷爷又让我做踢毽子的动作，他在一旁往我脚上扔，我踢到后他用手接住然后再扔给我，很快我就找到了感觉，从可以连踢两三个，最后可以一口气连踢十几个了，爷爷看到我开心，趁机开导我："困难像弹簧，你弱它就强，如果刚才退缩了，就体会不到现在的快乐了。"

第二天，我回到家里就马不停蹄地写作业。晚饭前就把大部分作业做完了，爷爷又带我去踢鸡毛毽。这次爷爷不再只把毽子扔到一个地方，而是左一个右一个，让我练习步法。我的踢毽子技术与日俱增，渐渐地，就能连踢上百个了，十几分钟我就累得满头大汗了。

爸爸妈妈也被我拉进踢毽子队伍，我们经常进行分组比赛。通常是爷爷奶奶一组，爸爸妈妈一组。前者技术好，后者

话题NO.10 流行

体力强，势均力敌互有输赢。但是我总是胜利者，因为我总是在比赛快要结束时才宣布自己加入领先的一方啊！后来他们把团体赛改成了个人赛，由于我的个子最小，如果跟妈妈、奶奶PK的时候还能应付；当和爸爸、爷爷对阵的时候只能甘拜下风了。力拼不成，咱来个智取。我有克敌两招：第一招耍赖。如果我踢得很少就失败了，我就找借口重踢一次。第二招：捣乱。如果他们踢得多，我就大喊大叫影响他们。这两招屡试不爽，所以，我每次比赛都是胜利者呀！

踢毽子常使我们玩得满头大汗，让全家整日欢声笑语，游戏之后做作业，觉得脑子特别清醒，平常很难背的课文看两遍就会背了，仿佛长了"过目不忘"的本领。爸爸的肚腩小了，妈妈的体重降了。爷爷奶奶吃得下睡得香，好像找到了返老还童的法宝。爷爷说："这就是天伦之乐呀！"

天天在家和爷爷这样的高手对阵，渐渐地，我也成了踢毽子高手，我在学校分组踢毽子时，和我分到一组的同学就兴高采烈，因为我在哪一组哪一组肯定赢啊！

同学们都很羡慕我，纷纷打探踢毽高手是怎样练成的，我用刚读过的古文《卖油翁》里的一句话回答他们："我亦无他，惟手熟尔！"

校园流行朋友圈

阳光姐姐点评

将学校里的"流行风"引入家里,使得踢毽子也成了家庭成员间空闲时间共同的游戏,这样的做法,大家也可以学习哦。毕竟,家庭中也需要"与时俱进"嘛。从学习踢毽子的过程中领悟坚持,从比赛踢毽子的过程中体会快乐。这股踢毽子的"流行风",也带给小羽许多思考与感受。

话题NO.10 流行

今天，你"宅"了吗

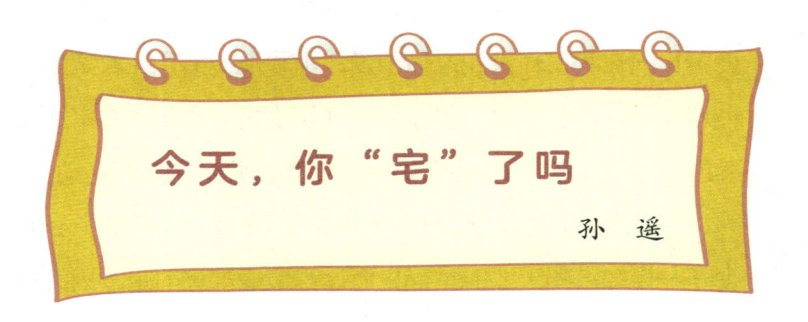

孙 遥

提起这股最囧的流行风，说来话长——

这得由班主任最新宣布的一个特大消息说起：

"接上级紧急通知，由于我市空气质量严重污染，应急预案Ⅱ级警报已发出，近几天空气污染将持续存在，为各位家长和学生的健康着想，要做好以下预防措施：所有的体育课都要转移到课室里进行；早操改为眼操和静养活动；小学生要尽量减少户外运动；易感人群应当留在室内，停止户外活动；饮食要尽量清淡……"

总结起来，就是要让我们尽量足不出户地"宅"在班里，"宅"在家里，老老实实地当"宅"男"宅"女……

这真是一个最最不幸、最最悲催、最最惨烈的消息呀！

要知道，上体育课的时候我们可以像快乐的小鸟一样尽情地活动：跳绳啊，打篮球啊，踢足球啊，踢毽子啊……上科

校园流行朋友圈

学课的时候我们可以去生物园兴致勃勃地捉小蜗牛来进行观察，还可以兴味盎然地观察各种各样的植物……那可都是我们的至爱啊！现在我们却只能忍痛割爱，乖乖地"宅"在教室里，傻傻地发呆。不但如此，就连早操都要改成"宅"在教室里做静养或者是眼保健操，就更不用说我们盼望已久的趣味运动会了。

就因为这股最囧的流行风，运动会被判处了无限延期——谁知道哪天才能举行！而让我最最难过的是，因为应急预案Ⅱ级警报来势汹汹，双休日妈妈再也不带我去游山玩水，也不再去宠物市场给我买小兔子和热带鱼，而且还让我少吃大鱼大肉。唉，没想到不能出去活动还要忍受所谓的"清淡饮食"，这真是肉体上和精神上的双重"折磨"啊！

唉，看来这股最囧的流行风也只有等应急预案Ⅱ级警报解除才能结束了，可这要等到猴年马月啊！

可这又能怪谁呢？如果不是我们人类肆意污染环境，地球妈妈也不会伤痕累累、怪病丛生，更不会向我们人类提出这样严厉的警告和抗议啦！

真希望应急预案Ⅱ级警报早点解除，还我们自由！

真希望人类能从中吸取教训，爱护地球妈妈，还地球妈妈一个健康美丽的身体！

真希望这股最囧的流行风——"今天，你'宅'了吗？"不再吹袭我们人类！

话题NO.10 流行

阳光姐姐点评

虽然"宅男宅女"早已是网络流行词汇，但是活泼爱动的孩子们被迫当起"宅男宅女"时，却是极为痛苦的。对遥遥来说，"宅"意味着失去自由，失去丰富多彩的校园生活，满篇作文中都透露着委屈无奈的心情。可是这又能怪谁呢？还不是人类自己惹的祸吗？

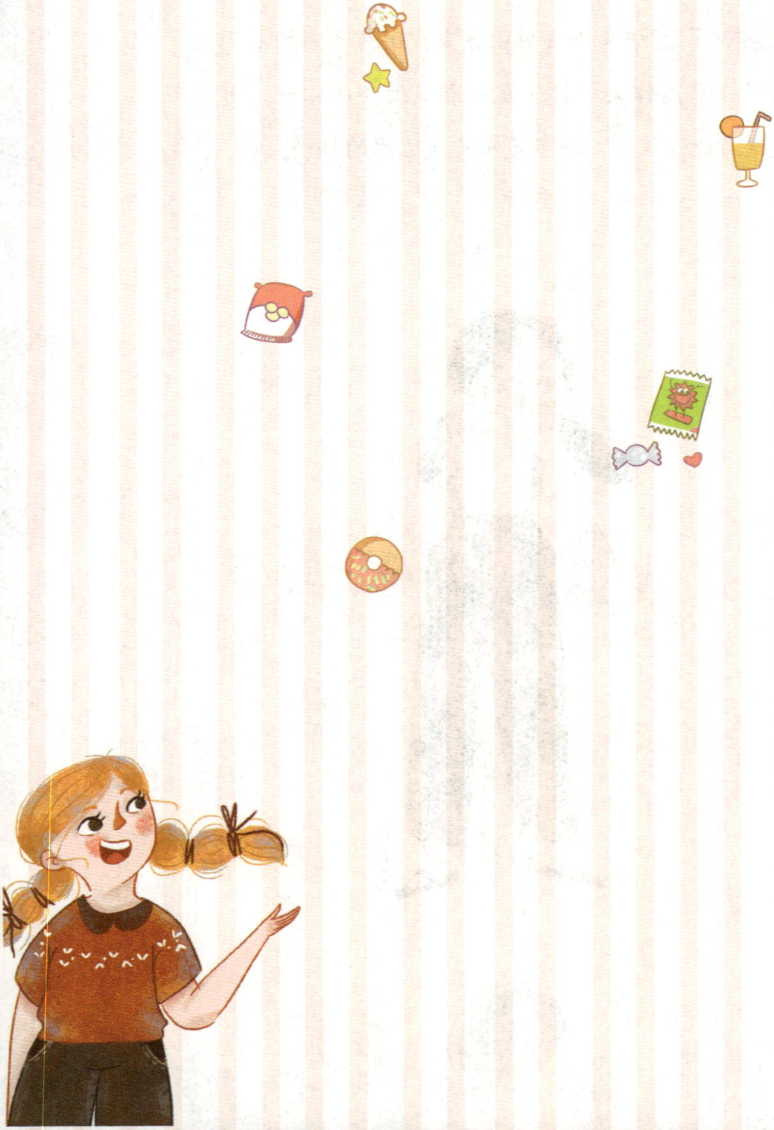

话题 NO.11

口头禅

校园流行朋友圈

【七嘴八舌小密探】

阳光姐姐：大家与自己的爸爸妈妈朝夕相处，想必对他们的各种习惯也熟悉得不能再熟悉了，那你能说出爸爸妈妈的"口头禅"吗？

董咚咚：嗯……我老妈每次吃饭的时候都会说："妈妈不爱吃这个，你多吃点。"然后我的碗里不一会儿就堆了好多肉肉。

Joe：我不管什么时候出门，老妈都要念叨："有事没事就往外跑，当家里是旅馆啊？"

元气少女：我妈妈的口头禅是"我这一天天都快被你爷儿俩烦死了"，我爸爸每次听到妈妈这句话都会一脸奸诈，然后和我相视一笑。

淡定的小恐龙：呃……我爸爸脾气实在是太暴躁了，动不动就说："老子给你两巴掌！"

乌丢丢：我的妈妈很佛系，只要我不偷不抢不精神失常，无论我提什么要求，她总会回答"随便你"。

卡布达：我爸爸是个乐天派，永远积极面对生活，无论发生啥，他都会说"没什么事"，其实结果往往也真的会如他所说。

话题NO.11　口头禅

PoPo："要听老师的话",这句话应该算吧,毕竟是爸妈每天送我进学校都会叮嘱的一句话,听得我耳朵都起茧子了。话说回来,我已经连续三年被评为"三好学生"了耶,爸妈还这么啰唆……

小虾米：我老妈经常对我老爸说"少那么多废话",哈哈,偷偷地告诉你们,我老爸是个耙耳朵哦。

校园流行朋友圈

【话题作文大PK】

沙和尚的口头禅

康竞文

"大事不好！二师兄，师父被妖怪抓走了！"沙悟净慌慌张张地跑到正在大石头上晒太阳的猪八戒身旁，气喘吁吁地说道。

"什么，师父被妖怪抓走了！"猪八戒猛地起身，哼哼唧唧地对沙悟净说："我们去找猴哥，一起救师父！"

沙悟净听了摆摆手："二师兄你有所不知，昨天夜里大师兄去化缘，化到冰红茶一瓶。他打开盖子一看，发现中了天界一日游，现在正在度假呢。"

"好个猴子，"猪八戒气哄哄地拿起钯子，心想他们在此辛苦保护师父取经，这个猴子却弃他们不顾自己悠闲度假去了！"沙师弟，走，去天界找这个忘恩负义的猴子，和他说道说道这事！"

天界里。

话题NO.11 口头禅

　　孙悟空正在景点蟠桃园听着导游太上老君的讲解。此时，只见猪八戒忽然出现，大跨步地朝他走去，后面还跟着沙悟净，便疑惑："八戒、沙师弟，师父呢？"

　　"好你个……"

　　"大师兄，师父被妖怪抓走了！我们是来找你回去救师父的。"未等猪八戒说完，沙悟净便一脸凝重地抢先对孙悟空说他们的来意。孙悟空一听，抛下太上老君，手执金箍棒便往凡间赶。一路上猪八戒一直抱怨着孙悟空之前的作为，孙悟空听了自然很不爽，狠命地扯起了猪八戒的耳朵，八戒疼得龇牙咧嘴，直喊"不敢了，不敢了"。而旁观者沙悟净则是在一边呵呵傻笑。

　　孙悟空撇撇嘴，刚刚松开扯八戒耳朵的手，只见面前一阵黄沙刮过，迷了他的眼睛。待孙悟空看清，只有沙悟净在旁边悲壮地道："大师兄，二师兄和师父都被妖怪抓走了！"孙悟空龇牙咧嘴地呼道："这可恶的妖怪，我一定要教训他！"接着他叹了口气，无奈地对一旁一脸悲壮的沙悟净说："师弟，据我统计，迄今为止，在取经途中'大师兄，师父被妖怪抓走了'你共说了13次；'大师兄，二师兄被妖怪抓走了'你讲过23次；而'大师兄，师父和二师兄都被妖怪抓走了'你则念叨了33次。拜托你，能不能以后换句口头禅啊？我耳朵快长茧了！"

校园流行朋友圈

话声落地,又是一阵黄沙。几秒后,只剩孙悟空一人。山谷中回荡起了沙僧的声音——"大师兄,师父、二师兄和我都被妖怪抓走了……"

阳光姐姐点评

小文在文章一开始,就在西游记的故事里融入了"喝冰红茶中奖"这样的现代元素,使得文章立马变得幽默好笑起来,这可是重要的加分点哦!此外,小作者抓住了不同人物的不同性格特点,对猴子急躁、八戒爱抱怨的形象描绘得很准确。结尾沙僧百年不变的"口头禅"终于有了新的变化,让人哑然失笑。总之,一篇让人从头笑到尾的PK文,当然能够吸引人的"眼球"啦!

传染人的口头禅

何嘉琦

我只知道，不好的习惯还有疾病能传染人，但没想到口头禅也能传染人。

我老妈的口头禅是："再不听话，就给你两巴掌。"老妈一天至少要说上十遍，当我磨磨蹭蹭写作业时，当她想安静我太吵时，当我看电视时间过长时，当我写的字不好看时……老妈那两巴掌是会准时响起来的。不过，却是雷声大，雨点小，那两巴掌总是极轻地落在我身上的。

但神奇的一天来临了，中午，老爸在沙发上睡觉，我在沙发上乱跑乱跳，老爸说了一句让我安静点儿，我嘴上答应了，但脚下却没有停下来，惹得被瞌睡虫袭击的老爸怒火中烧，大声喊道："再不停下来，小心给你两巴掌！"

我大吃一惊，从没打过我的老爸居然想给我两巴掌！我倔脾气一来，往老爸面前一凑，说："来，你打呀！"老爸

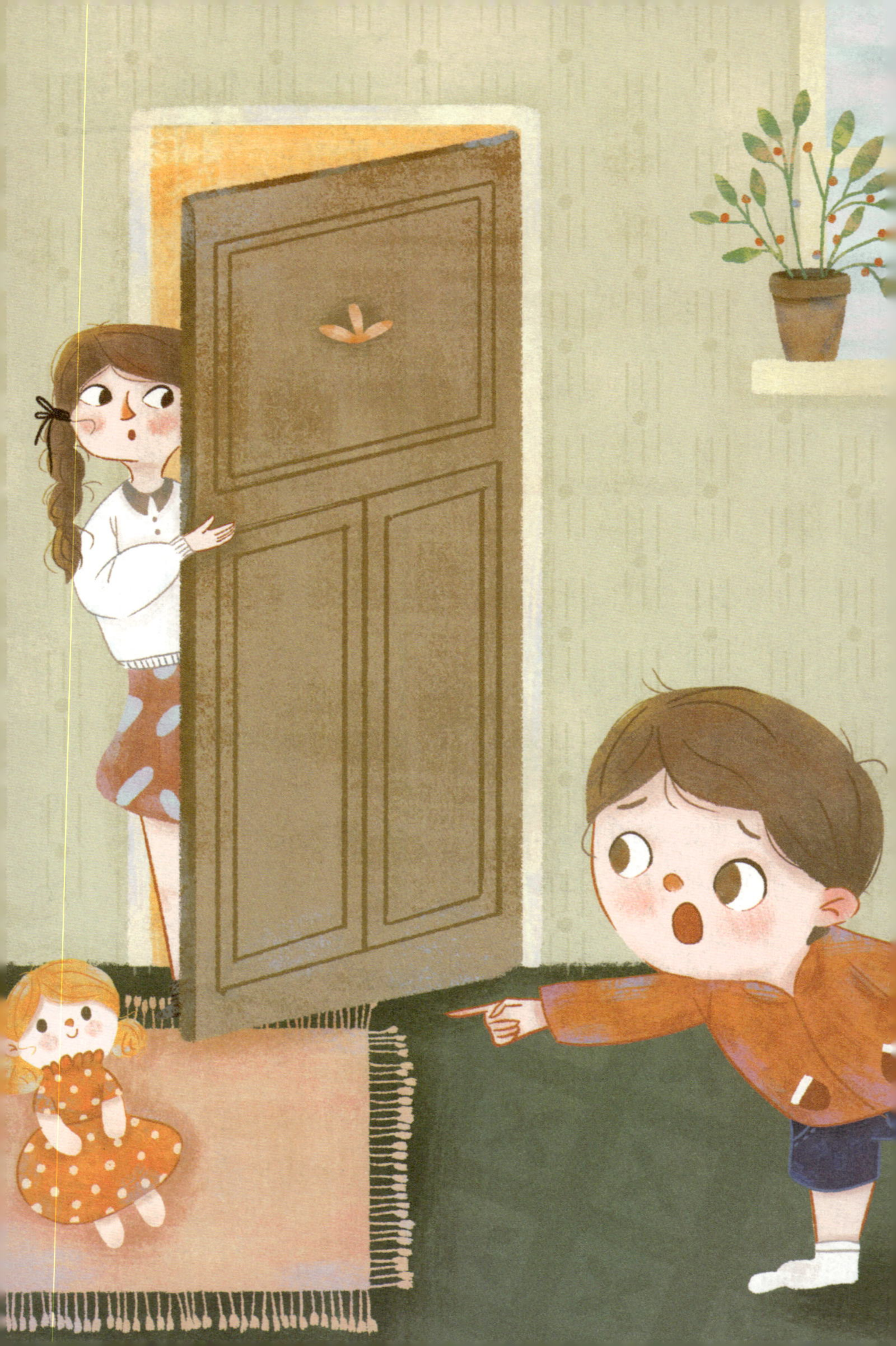

话题 NO.11 口头禅

闭着眼睛，扑哧一下又笑了，说："这还不都是被你妈传染的呀！"

自此，我便生活在老爸老妈给我"两巴掌"的口头禅里。

转眼间，暑假到了，小表弟也来了。一进门，小表弟就吵着要这要那，一声："姐姐，我要喝牛奶。"

"姐姐，我要吃苹果。"

"姐姐，我要看电视。"

"姐姐，我要吃莲子……"

吵得我简直不能安静地做作业，我一气之下，怒道："再不安静，就给你两巴掌。"小表弟一下子愣住了，小心翼翼地走到沙发上坐了下来。

我惊讶极了，没想到，我也被口头禅传染了！

又一次，我上完课回家，一阵微小的声音从房间里传了出来，我将门悄悄地推开一条缝，只见小表弟正用手指着我的布娃娃小声说道："哎哟哟，我告诉你——你再不听话，我就给你两巴掌。"

我咯咯地笑了起来，小表弟回头看到我，慌得忙将布娃娃藏到身后，我走过去，拿过他身后的布娃娃说，对小表弟说："来，给它两巴掌。"小表弟看着我，不好意思地大声笑起来。

"再不听话，给你两巴掌哟……"

阳光姐姐点评

小琦在文章中写道:"口头禅也能传染",这我可是很赞成的哦。呵呵,各位爸爸妈妈,平时要多多注意自己的口头禅,以免不好的口头禅被孩子学了去。文章节奏简洁明快,虽然写得轻松愉悦,但写出的内容和道理却是真真的!

话题NO.11 口头禅

口头禅王国逸事

唐婷婷

在浩瀚无际的宇宙中,有着一颗小小的星球,那里住着口头禅王国的大兵小将们。

口头禅王国有一个分清等级高低的方法:只要在人类世界里被用到一次,就会加一点经验。当你一级的经验积满的时候,就会升一级。当你飞升到一百级的时候,就可以取代国王的位置了。

这一天,口头禅的国王"哦"穿着便衣在微服私访。他在大街上走了好一会儿,看到居民们都已经安居乐业,感到心满意足了。走着走着,国王听到了一些吵闹声,便走过去看一看。

原来有两位国民在街角那边吵架,事情是这样的:

这天,两个口头禅撞到了一起,他俩死活都不肯给对方

道歉,就吵了起来。口头禅"凭什么"说:"凭什么你不给我道歉,我在人类世界里经常被用到,已经达到两级了。你只不过还是一个两级都不到的'小角色'而已,应该是你跟我道歉才对!"口头禅"不是我的错"不服气地说:"我的个亲娘啊,明明是你撞到我,不是我的错,为什么要分等级来道歉呢?不管是谁犯了错,都必须承认自己的错误,从而得到进步。如果大家都像你一样,只分贵贱,不分对错的话,以后当上国王也治理不好整个国家,肯定会有很多人非议你的职位的!"

…………

就这样,他们一直从早上吵到了现在。

国王"哦"站在一边听了他们的对话已经好一会儿了,觉得"不是我的错"说得很有道理。如果当上了国王只有等级高,没有好的道德品格的话,要么这个王位保不住了,要么这个国家被糟蹋得一团糟。

思量片刻,国王站了出来,说道:"哦,这样吧,你们双方同时道个歉不就好了吗?"

他们听从了国王的吩咐,一起向对方道了歉,成了一对亲密无间、形影不离的好朋友。他俩也合并成了新的口头禅——"凭什么不是我的错呢?"

话题NO.11 口头禅

阳光姐姐点评

"凭什么"和"不是我的错"的确是争吵中出现频率很高的两句口头禅，貌似各有道理的"争吵"，其实细细想来，却是谁都没理。因为它们都只想到了自己，却从没想过为对方考虑！而结尾新的"口头禅"的诞生，则提醒我们，遇到矛盾多多反思自己的错误，这样，一切问题就都不是问题啦！这篇小小童话写出了一个大大的道理，很棒！

治疗口头禅的"奇药"

齐政尧

"你说你,怎么现在还没写完作业!"

"好啦好啦,我知道了!"

"别忘了下午打篮球!"

"好啦好啦,我知道了!"

"先洗手再吃饭!"

"好啦好啦,我知道了!"

听了以上的对话,你是不是发现有三句"好啦好啦,我知道了"这样的话?没错,这句话就是我的口头禅。不过说句实话,我也想改掉我的这句口头禅,因为这句口头禅,招来家人的训骂、老师的批评、同学的厌恶,可是这句口头禅却像是有神奇的魔法,总是一不留神就从我的嘴里溜了出来,唉,真是让我伤透了脑筋!

一天早上,准备上第一节课时,老师领来了一个同学,

话题NO.11 口头禅

介绍:"同学们,这是我们班新转来的学生——李成子。李成子,你就坐在齐政尧的旁边吧!"

齐政尧?正在昏昏欲睡的我立刻精神了起来,望着刚坐在我旁边的李成子。

"你好,我叫李成子。咱们俩以后就是同桌了!"李成子大方地说着,并且伸出了一只手。

"好啦好啦,我知道了!"刚说完这句话,我就呆住了,坏了!我怎么说了这句口头禅,好像很不耐烦,不欢迎新同学的样子,我要表达的可不是这个意思呀!

李成子张大了嘴巴,却什么都没有说,对我挤出了一个尴尬的笑容。

虽然后悔,但我却装出一副高傲的样子,不再理睬他。心里却有着千千万万的疑问:李成子会不会讨厌我?旁边的同学会不会听见我对同桌说的这句话?李成子是不是下课会告诉老师?

这时,下课铃响了起来。李成子却忘记了刚才的一幕,拍了拍我的肩膀,说:"嘿,齐政尧,去打篮球吧!"我激动得打起了哆嗦:"真的吗?"

后来,我和李成子成为形影不离的好朋友,他也发现了我戒不掉口头禅的苦恼。

一天放学,李成子神神秘秘地给了我一个药瓶一样的东

校园流行朋友圈

西，并且说："齐政尧，如果你想改掉你总说口头禅的毛病，就每天喝一瓶这个，喝完十天，口头禅就戒掉啦！"

"真的吗？"我似信非信地看着他，心里却已经决心按照李成子说的去做。

第一天早晨，我刚喝了一瓶"神药"，耳边就响起了老爸的催促声："齐政尧，还不快点儿吃饭，都几点了！"我听了后，刚想说出我的那句口头禅时，却好像"魔药"起了药效，我猛地闭紧了嘴巴，成功阻截住了"口头禅"，接着哼着小曲走到了学校。

早读的时候，老师走了进来，看了看窗户，对着我说："齐政尧，你这个管窗户的怎么连窗户都没有开！"哎呀呀，我又要说那句口头禅了，刚到嘴边，却被我硬生生地给憋了回去，"哦。"我拉着嗓音大声说。呼，好险啊！

之后的九天，我每天都喝"药"，十天过后，我说口头禅的次数果真越来越少，直到再也不会说起。

过完了一个学期，李成子转到了外地，留给我一封信。原来，他给我的并不是什么"神药"，而只是糖水！李成子说，他只是用糖水帮我增添了些戒除口头禅的信心而已。原来我被"忽悠"了，"天啊，为什么我那么倒霉！"我痛苦地朝天大喊。

接着，恐怖的事情发生了，我发现自己又有了一句新的

话题NO.11　口头禅

口头禅——"天啊，为什么我那么倒霉！"

阳光姐姐点评

说起口头禅，倒真是养成易，戒掉难！也许在不经意的什么时候，你听到了一句流行语，或是好玩的话，便会不经意间将它深植大脑，从此一发不可收拾，时不时总会脱口而出！在尧尧的文章中，大家可以看到，一句不好的口头禅会带给人们各种烦恼，当然，你要戒除它也不是不可能的事。但有口头禅也并不都是什么坏事情啊，一些积极的口头禅，会给我们时刻带来正能量，比如，常对自己说："我能行！"

我的百变口头禅

郑文慧

每个人都有口头禅,我也不例外,不过,我有很多很多的口头禅!

人生就像愤怒的小鸟

"怎么样,郑文慧,这次你输啦!哈哈!"落茗雪一边得意地拿着自己的"胜利者奖杯",还一边笑话我!

"喂,你只不过就赢了一次,不用笑成这样吧!"我有一点儿生气。

"这样笑一点也不过火啊,成功者总是笑得这么有气势呀!"落茗雪又一次故意扯起嗓门,大声哈哈笑起来。

"我受不了了!落茗雪,我告诉你,人生就像愤怒的小鸟,失败的时候,总有几头猪,在背后哈哈大笑!"我恶狠狠

话题NO.11 口头禅

地对落茗雪说。

这一句果然有用,笑到一半的落茗雪突然愣住了。

好好活着

"可恶,又没有考好!"南宫舞气愤地说。

"考不好?又怎样?"我问。

"我……我……"南宫舞结巴了。

"我?我怎样?"我故意挑着眉毛问。

"我……我……考不好我就不活了!"南宫舞说完,就假装要一头撞死在墙上。

"喂,要撞墙也要等我买块豆腐回来给你垫着呀。"我慢悠悠地说。

果然,南宫舞忍不住大笑起来。

我走过去在她的肩上轻轻地拍了拍,说:"好好活着,因为我们会死很久!"

钞票不是万能的

这一天,我和龚墨燕去逛街。

"哇,这个可爱,拿上。"

校园流行朋友圈

"这个可爱,也要!"

"这个娃娃好萌啊!买一个吧!"

"酷酷酷!小猫咪,你怎么可以这么可爱……"

到付钱的时候,龚墨燕从口袋里拿出了一张百元大钞,递给收银员:"给。"

收银员从抽屉里找了半天,不好意思地说:"对不起呀,我的零钱不够,找不开呀。"

龚墨燕刚刚购物时的快活神气顿时全没,傻乎乎地发着愣,好半天才说话:"啊!这怎么办?"

我看着龚墨燕她那狼狈的样子,一边得意地从钱包里拿出妈妈借我用的信用卡,一边对她说:"钞票不是万能的,有时还需要信用卡!"

看,我的口头禅很多吧!是不是都很有意思呢?现在,该轮到你告诉我,你的口头禅是什么了吧?

阳光姐姐点评

小慧的口头禅不仅有意思,而且还都很"时尚"呢!"百变口头禅"写出了一个"百变小魔女"的可爱形象。"口头禅"有时也是种调味剂,让生活变得更加丰富、精彩!

话题NO.11 口头禅

害人的口头禅

范宇佳

看到这个题目,我开始在脑海里仔细搜索。"哇,有了!"我一拍巴掌,我知道我的口头禅是什么了。不过,我不好意思说,因为这个口头禅带给我许多烦恼。

镜头一

天亮了,我还在被窝里呼呼大睡。妈妈扯开嗓子喊:"起床了,太阳晒屁股啦!"我不耐烦地嘟囔道:"马上!"过了老半天,我还一动不动。妈妈见没效果,又喊:"7点了,上学要迟到了!"我惊得一跃而起。妈妈看我起来,放心地出去了。过了一会儿,她进来一看,我正在那里津津有味地看一本书,衣服才穿了一半。妈妈厉声催我:"等会儿迟到了,有你好看!快穿好衣服,去刷牙洗脸!"我不紧不慢地说:"马上!"结果,我背着书包跑到教室里,发现已经迟到了!唉,你说,这个"马上"害人不害人?

镜头二

放学了,我回到家里央求妈妈让我玩电脑。妈妈心软了,说:"只准玩十分钟。"我正操纵着"狼王"和"虎王"战斗,妈妈忽然说:"时间到!应该去做作业了!"我情不自禁地说:"马上!"妈妈非常气恼,大叫:"快出来!待会儿作业又完成不了了!"我挡住电脑,连声应付:"马上!马上!"妈妈听到我的口头禅,气得一下子把电脑线拔掉了。唉,电脑也跟着我遭殃了!

镜头三

只好去写作业。刚刚挨到凳子,我就叫起来:"我马上写,不过,我现在想先喝水。"妈妈没好气地递给我一杯水。喝完水,我忽然觉得肚子有点馋,我又对妈妈说:"妈妈,我还想吃一个冰激凌。吃完,马上写!"妈妈瞪大眼睛,无可奈何地看着我到冰箱拿雪糕。直到晚饭煮好了,我的作业还没写完,我只得饿着肚子写作业。唉,我可怜的肚子也跟着"马上"遭

话题 NO.11 口头禅

罪了!

　　你说这个"马上"害不害人?我什么时候能把这个讨厌的口头禅扔掉呢?

阳光姐姐点评

　　有多少小读者像小佳一样,爱说"马上马上"?哈哈,我猜"中枪"的同学一定不少吧!其实"马上"本身没什么错,要是你能用"马上"指挥自己的行动,而不是去应付妈妈,那"马上"反而是一句不错的口头禅呢!所以"陷害"你的不是自己的口头禅,而是时下最最流行的"拖延症",小佳,认清敌人的真面目,你才能扔掉真正的"害人精"哦!

校园流行朋友圈

我的上帝呀

朱佳文

在 21 世纪，没有口头禅就太 out 了。为了不落伍，我绞尽脑汁把一些"高大上"的句子变成我的口头禅，却总是失败。到最后，才伤心地发现，我在无形间已经有了口头禅。

"我的上帝呀"，这就是我的口头禅。不要认为它多么的乏味，它可是能表达许多感情的！

"我的上帝呀！我的命运为何如此悲惨！讨厌的试卷把我搞得晕头转向，却还要摇着尾巴在试卷的身边转来转去。我真想把那讨厌的试卷永远永远地埋在臭烘烘的垃圾堆里，让它自生自灭，每天只有苍蝇围着它转。"我哀号着，一头倒在作业堆里。猛然看见一首天才小诗，乐呵呵地读起来："默默背背，学学睡睡。我的命运如此悲惨。三杯两碗咖啡，怎敌它，卷满天飞？"看来，别人比我悲惨多了。

这是我悲伤的哀鸣！

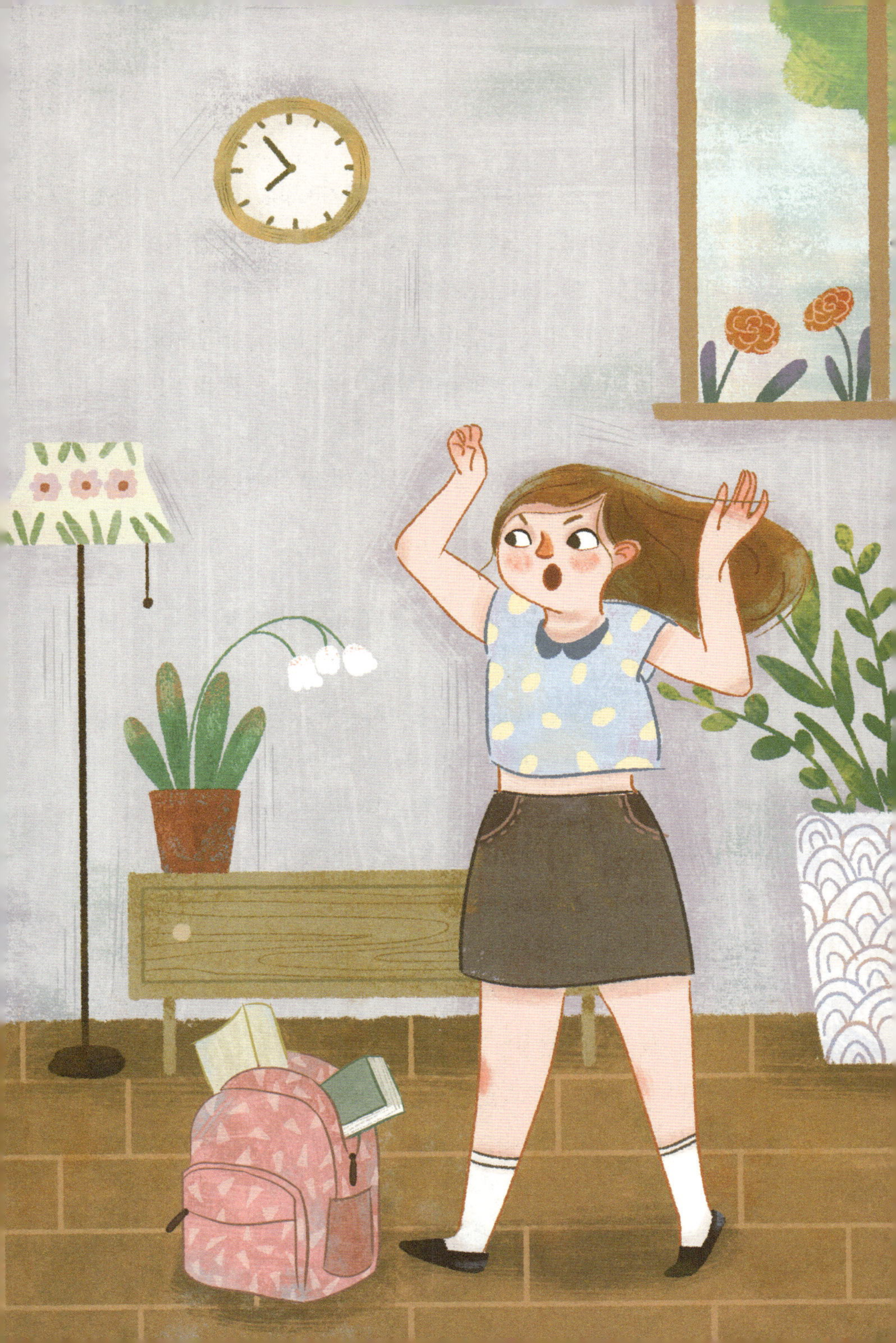

校园流行朋友圈

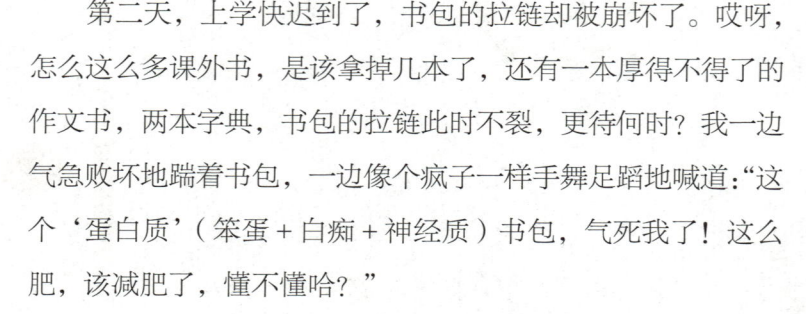

第二天,上学快迟到了,书包的拉链却被崩坏了。哎呀,怎么这么多课外书,是该拿掉几本了,还有一本厚得不得了的作文书,两本字典,书包的拉链此时不裂,更待何时?我一边气急败坏地踹着书包,一边像个疯子一样手舞足蹈地喊道:"这个'蛋白质'(笨蛋+白痴+神经质)书包,气死我了!这么肥,该减肥了,懂不懂哈?"

一看时间,仰天长啸起来:"我的上帝呀,迟到了!"声音震得窗户都快碎了。

这是我痛苦的惨叫!

盼来了可爱的星期天,我乐得心狠狠地抖了三抖。解放喽!旅行去喽!

来到南通狼山,欣赏着它高耸入云(其实矮透了,在外地人眼里只是个小土丘)的丰姿。我"哼哧哼哧"地不一会儿就爬上山顶,看着远方的山水,有一种"一览世间小"的感觉,我甚至有点飘飘欲仙了。往山下一看,"我的上帝呀,好高哇,我有恐高症!"刚才美好的感觉瞬间消失。这时,我感慨着大自然的神奇。虽然这座小土丘很矮,但对于我来说,已经够高了。

这是我诧异的惊呼!

"我的上帝呀,我真是这个世界上最幸福的人了!"看见各种各样的零食:薯片啊,薯条啊,话梅啊,巧克力呀……我

话题NO.11 口头禅

的眼睛直冒桃心。

这是我愉快的欢呼!

怎么样,我的口头禅精彩吗?

阳光姐姐点评

一句口头禅在不同的场景下,会用不同的语气发出,代表不同的含义和情感,这么一归纳、一分析,真是很有趣!佳文汇集了一连串"小镜头"来结构整篇作文,这种写作形式,也是易受读者欢迎的。

校园流行朋友圈

口头禅小集合

俞天一

口头禅,口头禅是什么新奇物种?口头禅就是一种说话的 style,就是经常挂在嘴边的那种!还不懂?那我给你举几个例子。

最常见口头禅

一天,某人拿到了一张超难的试卷。有好多题不会做,于是,便去问一位同学。"哎!那谁谁,你知道这第一题怎么做吗?"那同学回答:"I do not know.(我不知道。)"某人又问:"那第二题呢?""不知道。"那同学又回答。"那第三第四第五呢?"某人不到黄河心不死,没完没了。"不知道不知道不知道啦!烦死啦!""那你知道谁知道吗?""不知道!"(你有完没完啊……)

我算了算，上述那位同学在一分钟内一共说了6次"不知道"。还有像"什么""随便""天哪"等都是几种常见的口头禅。

最毒舌口头禅

兰同学在我们班可是个大冒失鬼。有一天，他打翻了小草同学的笔袋。

"你，给哀家捡起来。"小草同学指着地板冷冷地说。

"喊，我不捡起来你又能怎么样？"兰同学的嘴倒是硬得很。

"那我就诅咒你三个月买方便面没有调料包。"小草杀气侧漏。

"你……"兰同学被气得说不出话来。

"我我我……"

"我什么我，再不捡起来，我就诅咒你妈妈三年买方便面没有调料包，诅咒你爸爸三十年买方便面没有调料包，诅咒你爷爷……"小草同学滔滔不绝。"停！"兰同学打断小草的话，"我捡，我捡还不行吗？"兰同学可怜巴巴地说。

小草同学在一分钟内说了3次"我诅咒你××买方便没有调料包"。可不是吗？买老坛酸菜牛肉面没有调料包那还是

老坛酸菜牛肉面吗？

最淑女口头禅

"沙。"王同学在写字时不小心碰到了周同学的手肘。"呀！你怎么回事呀！"周同学嚷嚷道。"呀……不好意思不好意思，我是不小心的，刚才真是不好意思，希望你能原谅，不好意思哈！"

王同学在一分钟内说了4遍"不好意思"。哎，周同学，你有如此温柔的一个淑女同桌，那暴脾气该改一改了吧！

最啰唆口头禅

今天，选有我三篇文章的小作家文集到了。爸爸联系了陈同学的妈妈，想把书送到她那儿去。他在电话里是这样说的："喂！哎哎，哎，陈同学妈妈吗？那个……陈同学的班主任周老师送了他一本书，现在……那个……书呢，书到了呃，要不，我送到那个……陈同学家里去，还是怎么办？哎，那什么，哦，他家离这儿有点远哈，那个……呃，您在哪儿上班，哦哦，××会展中心啊！那您有时间自己来拿吗？呃，哦，我们家小店就在建设银行边上，哦，哦那好，您自己来拿。嗯

话题NO.11 口头禅

嗯,那个……好好好好,再见,嗯,好。"

据统计,爸爸在三分钟内说了4次"哎"、5次"那个"、5个"呃"、5个"好"。原来在电话里人们会多出好多口头禅来,还会变得啰唆很多。

嗯哼!现在亲们明白什么是口头禅了吧。其实口头禅也是一种语言艺术哦!亲,你有自己的口头禅吗?

阳光姐姐点评

读了这篇作文,突然回想起上中学时,总是会和同桌一起,偷偷数老师们上课会说多少遍口头禅,比如,数学老师爱说"对不对",语文老师爱说"很好"……每种口头禅都是很有个性特点的。你细细品味天一罗列的口头禅,会发现,有的表现了童趣幽默,有些表现了不同人的不同性格特点,很有趣。

"真讨厌"常说"真讨厌"

邱慧伶

啦啦啦，我有个死党叫 ZTY（苏潭颖）翻译成中文就是"真讨厌"。"真讨厌"不只是名字，连口头禅都是"真讨厌"，我和她网上聊天，总会被一句句意思不同、语气不同，但同样的三个字"真讨厌"雷倒。

生气中的"真讨厌"

我和死党经常在一起合写文章，但总是会摩擦出一些不和谐的火花。记得有一次我和她想的思路不一样，我思路如泉涌，有些固执地坚持自己的意见。我在 QQ 上大声地吼："我就要写这个思路，你看着办吧。我觉得这么写一定 OK，你那个思路以后再说！"过了半晌，QQ 有点死一样的沉寂，我以为她生我的气走了呢。

话题NO.11 口头禅

突然，屏幕上写着大大的"真讨厌"三个字，用鲜红的字体充斥着整个屏幕。我在心里一字一顿地念着，读出了她的生气。一定是我的固执惹恼了她，她是真心生气了。回想自己做错的一些事情，赶紧求和，讨好她。

激动中的"真讨厌"

那家伙特别喜欢"真讨厌"这个口头禅，也不管在什么语境下，每次弄得我头昏脑涨，还得不停地揣测她的意思。

有一次我们的小说被录用了，我激动地跟她说个不停："太棒了，咱们的小说要出版了！啦啦啦啦，你激动不激动啊！"

"真讨厌，真讨厌。"我看到这几个字瞬间迷茫了，为什么这种高兴的场合她会吐出这些冰冷冷的字。

就在我百思不得其解时，她的消息又"嘟嘟嘟"响起来："快要激动死掉了！"我这才理解了"真讨厌"的意思，这几个字要快快地读，有点活泼和激动的感觉，还有点微微的撒娇。

我调皮地回复过去："你真——讨——厌！"然后我们在网上同时哈哈哈大笑起来。"真讨厌"的魅力无穷啊！

被骗后的"真讨厌"

"真讨厌"是一个无敌的词，三个词足可以秒杀一切。愚

校园流行朋友圈

人节，我给她发过一个骗人帖子，就是那种点进去就出不来的网站，必须不停按确定才可以玩完这个愚人游戏。我装模作样地发过去："给你看个网站，里面的文章很棒。"她果真上当了，那边一点反应都没有，注定在狂按确定。

5分钟后，她用无敌的口头禅写着"真讨厌"。我用柔柔的声音轻轻读着，读出一种愚人成功的快乐。我发过去一个笑脸，又是被"真讨厌"一击，然后她写着："真讨厌，就爱骗人。"我对着屏幕吐了吐舌头。

"真讨厌"就喜欢"真讨厌"这句口头禅，这句在不同情况下都有不一样含义的口头禅，也代表我们之间的默契与友谊。希望"真讨厌"一直用"真讨厌"来袭击我，因为我喜欢这个口头禅！

阳光姐姐点评

读了这篇文章，才明白，女孩子间的"真讨厌"，有时是"真不讨厌"的意思。哈哈，这么说又有点像绕口令。铃铛用三个小故事，具体分析了"真讨厌"在三种不同情况下的不同意思，让人越读越有兴味！也不由得联想，大概"真讨厌"还会有别的其他更多的含义，真是很有意思。

话题NO.11 口头禅

苏潭颖 ≠ 真讨厌

苏潭颖

在我的输入法上,若是你输入了STY,那么一定会有两个选项蹦在最前面。其二,一定是我的大名:苏潭颖。自己的名字在网上做自我介绍的时候时常会用到,所以常会用输入法输入这三个字,但是今天我们撇开这其二不谈,来看看"其一"。这使用频率最高的三个字是:真讨厌。

这三个字初闻,一定会联想到某个娇滴滴的小公主对老爸或者老哥撒娇时用的词语,但到我这却完全变了味儿,喜怒哀乐全融进了这三个字,不信且看——

充满火药味的"真讨厌"

某日,我怒气冲冲地坐在电脑前,噼噼啪啪地敲着字。此时我正在与我的合写拍档——邱慧伶讨论新文章的思路,谁

知那天我们两个的思路都如泉涌般哗哗哗地冲击着大脑，各自都持有两种完全不同的意见，谁也不让谁，都固执地认为要是按自己的思路写下去，一定会大获成功。眼看再说下去就要演变成争吵了，我正想退一步同意她的说法，谁知她火药味很浓地发来一句：我就要写这个思路，你看着办吧。我觉得这么写一定OK，你那个思路以后再说！这让我的心情指数瞬间降为负值，于是我也不甘示弱，用超大号的字体兼红色的字体给她发了大大的三个字：真讨厌！

这三个字一发过去，她似乎隔着屏幕就感觉出了我的愤怒，这才好言相劝，连忙道歉，我的气这才消了点。这才平息了这场风波。

激动万分的"真讨厌"

某天晚上，我刚打开电脑，开启了QQ，就发现邱慧伶给我发了一大堆消息，这些消息害得我的电脑死机了半分钟，我正想吼她几句，却被她的消息怔住了。她抖了抖窗口："太棒了，刚才编辑和我说我们的《HL侦探社》要出版了！"

看到这句话，我和我的小伙伴都惊呆了！这是天大的好消息呀！我们两个辛辛苦苦写的小说终于要出版了！此时我的激动心情难以形容，我手有些颤抖地在键盘上打字，打了删删

话题NO.11 口头禅

了打,总觉得都不能表达我的激动心情。于是乎干脆化作了三个字——真讨厌!邱慧伶却半天没有反应,我怕她曲解了我的意思,又补充了一句:"快要激动死掉了!"她似乎这才醒悟过来,和我一起隔着电脑庆祝。我激动得连发了几个"真讨厌",她还调侃我,惹得我在摇椅上哈哈大笑起来,险些没摔下去。这时的"真讨厌",是激动无比的"真讨厌"!

我彻底无奈,对屏幕敲打了三个大字:真讨厌!

阳光姐姐点评

哈哈,两个好朋友同时写了这次的PK题,又同时选取了这三件事来写,读起来真的很有意思呢。觉得这样的写作方式很好哇,比如说,爸爸妈妈和孩子可以同时写写日记,这样,会增进了解,加深沟通;老师和学生也可以同时写写作文,这样会互相促进,互受启发。

校园流行朋友圈

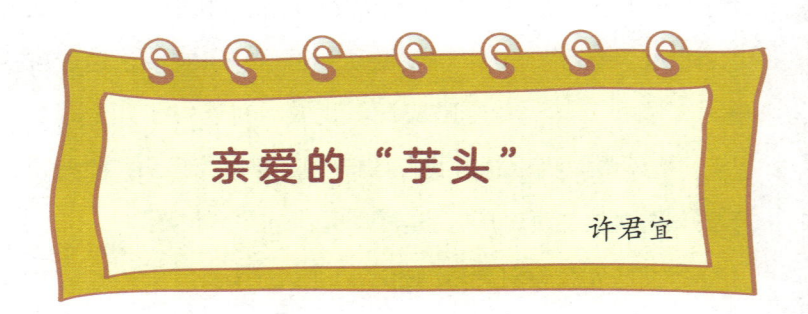

亲爱的"芋头"

许君宜

在我五颜六色的生活中,有一抹艳丽的朝霞。她是我的"芋头"。

芋头大名吴小昱,撇开才华横溢就只剩下神经病。列个公式:疯子+才女+损友=吴昱同学。

"芋头"是我的死党、冤家兼邻居,没想到的是,不知从什么时候起,我竟有了句与她相关的口头禅。

"疯子"吴小昱

"小元子,给本格格滚过来!"怒火中烧的芋头,怒斥着她"可爱"的后座,不幸"荣封"为"小元子"的许瀚元。

一看吴小昱这样,就知道她一定是又被点着了。她嘛,就是一把干稻草,就许瀚元一根小火柴都能把她点燃。

话题NO.11 口头禅

"哎哟喂，松手哇！痛死了！""小元子"被揪着右耳朵，踮着脚尖疼得尖叫，"饶命啊饶命啊……"

啪啪啪几声，吴小昱左边座位上的一本语文书已经英勇牺牲，不过牺牲得还算值，怎么说都有"小元子"的脑袋陪葬嘛！只见彪悍的可爱的芋头同学一手揪着那倒霉后座的耳朵，一手顺便拿起语文书，噔噔噔在"小元子"的脑袋上敲了几下。

这一下，把在座各位看得是目瞪口呆，怎么说……都有种惊悚的感觉啊！这芋头……我左看，右看，很快确定了：这家伙不折不扣就是一个疯子！

"吴小昱保佑，吴小昱保佑……"我不禁絮絮叨叨地替"小元子"的性命安全祈祷起来，却忘了始作俑者就是亲爱的吴小昱同学。

"才女"吴小昱

"吴小昱同学的作文写得很优美，她善用比喻……"老师生动的声音噔噔噔灌输进我们的耳朵里。

"嘎吱，嘎吱"一阵细小的声音闯进了我的耳朵，其他人没发现，我可是听得清清楚楚。偷偷寻找了一下声音的来源，这不，就让我瞄到了。

如果现在是在拍电影，那么镜头一定会先定格在我右前

校园流行朋友圈

方的吴小昱同学身上，然后再放大，放大，放大，聚焦在此刻她聚精会神正在做的事情上。

我真是……我真是要疯了！只见芋头正坐在座位上，往前荡，往后晃。"年久失修"的椅子禁不起这般折腾，呻吟了起来，她却像在荡秋千一样开心，好像老师嘴里那个小才女跟她没有半点关系。

我看得快晕倒了。我真想大吼一句：需不需要我帮你喊"摇啊摇，摇到外婆桥啊"！

"吴小昱保佑，吴小昱保佑……"我赶紧念咒般念叨几句，神奇的是，好像这咒语真的起了效果，摇椅子的声音竟然渐渐停止了。

"损友"吴小昱

"我说你呀，审美观真不是一般差。你简直是'爱因斯坦的智商，村姑的审美观'！"吴小昱用两个手指头拎起我看中的那个发夹，嫌恶地吐吐舌头，赶紧丢了。

明天就是军训会操了，班主任老师为了让我们的队伍显得更加整齐，特地差使我们几个去买发夹。可想我们一开始挑选，吴小昱就先把我刺了个遍。

我满头黑线。

"我看啊，你还是先去排队吧，待会儿我们挑好了再拿给

你结账。你站在这边太碍眼了,我都觉得你挑选的那些很侮辱我的眼睛啊!"吴小昱"天真"地摆摆手,"戴上去需要勇气。真的。"

我快喷火了。然而这时,芋头没事人一样走了。

"吴小昱保佑,吴小昱保佑……"我一边压制着怒火一边碎碎念着,却忘记了叫我"引火烧身"的正是那位多么亲切的吴小昱同学。

尾声

说实在的,我经常陷入深思。

你知道为什么吗?嘘,这是个秘密——我正在考虑,要不要把疯子、才女加损友的组合吴小昱同学送进精神病院,顺便把我那口头禅戒了!

嘿,别告诉我可口的芋头这篇文章是我写的哦!

阳光姐姐点评

嘿嘿,真是奇怪,为什么无论是生气还是讨厌,都会不由自主地说出"吴小昱保佑"这句口头禅呢?事实说明,虽然芋头有很多小毛病,但是绝对不影响她在小作者心目中的崇高地位!哈哈,不要不好意思承认啦!事实就是这样!

校园流行朋友圈

请不要说"你确定吗?"

杨千寻

我最讨厌一句口头禅,我恨这句话都恨到它的骨子里去了。这句口头禅不是"坏蛋",也不是"笨蛋",而是"你确定吗?"

上课时,老师提问了一个高难度的问题,同学们都不敢举手,只有我自信满满地举起了手,毫不犹豫地回答了这个问题。"哦?你确定吗?"米老师抛出了她的口头禅。听到这句话,我开始怀疑:会不会是我答错了,老师给我暗示,让我再仔细想一想?老师又问了一遍:"杨千寻,你确定?"这话彻底打破了我的信心,我敏感的耳朵觉得这句话弦外有音,于是"不确定"这三个字说出了口。我左思右想,把所有的知识都用上了,终于给了老师另外一个答案,老师却对我说我错了。唉!都是可恶的口头禅害的。

晚上,我兴奋地让妈妈为我检查我的背诵作业,我流利

话题 NO.11 口头禅

地背完后,妈妈不知怎么着,冒出了这么一句:"你确定背得对吗?"这句话打破了我所有的自信。因为我看过智力答题,只要有人答错了,主持人总是问"你确定吗"。所以我估计自己背错了。我冒出了一身冷汗,摇摇头,不敢确定。接下来,我又仔细地背了一遍。妈妈叹道:"第一遍你明明背对了,干什么再重复一遍呢?我只是想让你确定一下而已,习惯啦,口头禅。"你看看,就因为这句"口头禅",我这次真是白费了一份"嘴力"!

因为米老师和妈妈经常说:"你确定吗?"像这样白受委屈的事,在我身上就不知重演多少次了。我真希望米老师和妈妈换掉自己的口头禅,再也不要说"你确定吗"。

阳光姐姐点评

要我说,倒不是妈妈和老师需要戒除这句口头禅,而是千寻应该戒除"不自信"的习惯哦!自信,就是要相信自己,相信自己有正确回答问题、出色完成任务的能力,当别人再说:"你确定吗"的时候,可以毫不犹豫地回答——我确定!

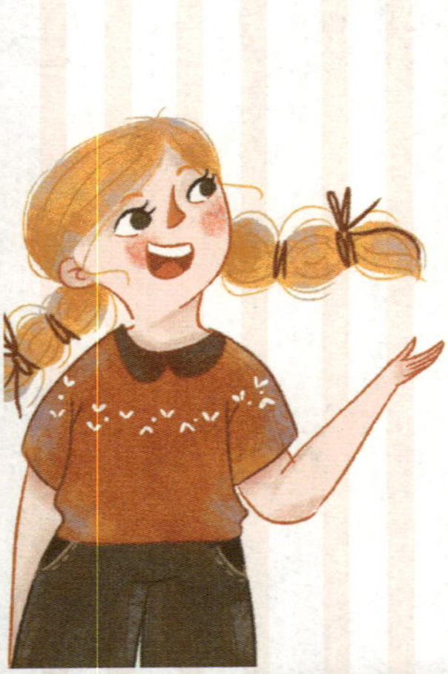

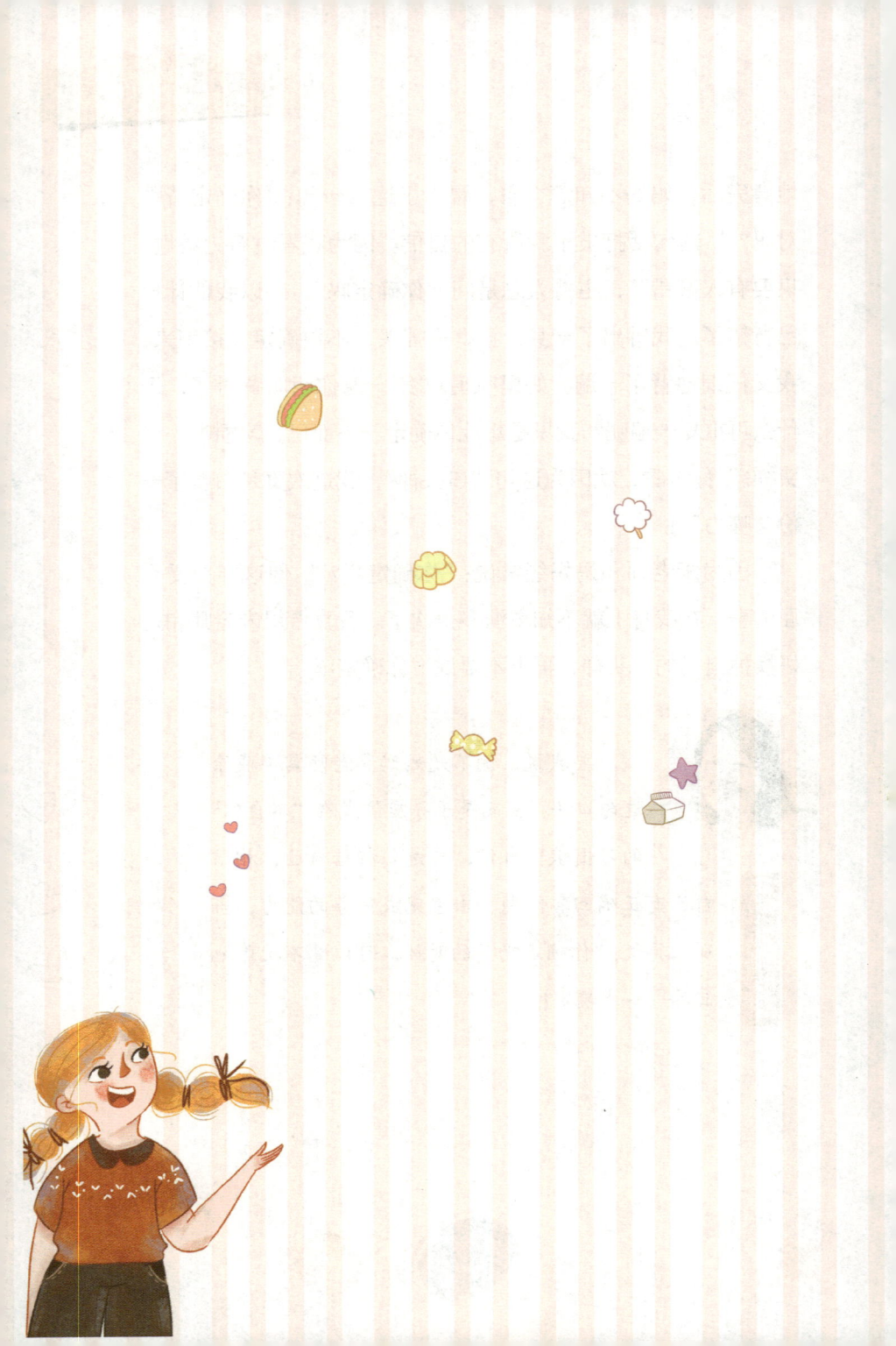

话题 NO.12

动
物

校园流行朋友圈

【七嘴八舌小密探】

阳光姐姐： 大家都知道，动物是人类最好的朋友啦！如果有一天我们能有机会变成动物，你们最希望变成什么动物呢？

吖吖： 我想变成一只大熊猫哇！大熊猫是国宝，长得那么可爱，我每天什么也不用做，只要卖萌就会有好吃的。

母鸡呀： 啦啦啦，我想变成一只燕子，穿着美美的花衣裳，天冷了就往南飞，天热了就往北飞。用叫声唤醒春天，用尾巴裁剪柳叶，做春天的使者。

古灵精豆： 陆地上的动物我都没兴趣，我想变成一种深海鱼类，最好是发光带电的那种。听说深海里很黑，那里的生物都随便乱长，这就让我很好奇了，它们到底能丑成啥样？

黑化肥不会发挥： 我家里养了只小猫，每天吃吃喝喝玩玩睡睡，身为铲屎官的我却操碎了心！我要变成猫，高兴干吗就干吗，连屎都不用自己铲。

夜夜烨： 我想变成一只雄鹰，有锋利的爪子，从来不需要怕别的动物会伤害我。还能张开大翅膀自由地翱翔在天际，酷！

洋葱有心： 那必须是灯塔水母哇！秦始皇都没实现的事却

让它实现了,永生!

铠甲小超人:可以不变吗?感觉人最厉害啊,我怕我变成动物之后被人类欺负。

傻丢丢:鲲算不算?俗话说得好"鲲之大,一锅装不下……",哈哈哈,开玩笑啦。这种超大型的生物对我有致命的吸引力呀!

校园流行朋友圈

【话题作文大PK】

长须鲸宝宝的自述

汪　旷

嘿，大家好！我是一头刚生下来的长须鲸宝宝。别看我小，我的身长可是有十多米，体重有7000公斤重呢！

听妈妈说，我们总共分为两大类：一类是须鲸，主要吃小鱼和小虾；一类是齿鲸，主要吃大鱼和海兽，有时还会吃自己的同类呢！真是叛徒！

我们的食量可大啦！为了满足自己成长所需要的营养，我们每天必须张着大嘴，把许多小鱼小虾连同海水一齐吸进嘴里，然后闭上嘴，把海水从须板中间过滤出来，把留下的小鱼小虾吞进肚子里，一顿饭就能吃2000多公斤呢（真是不好意思）！

我们的成长速度也不是一般的快。爸爸告诉我，像我这样的小鲸，一天就能长30—50公斤，过不了几年就能长成一

条像爸爸妈妈那样的大鲸了。为了以后不会被鲸们当成发育不良看,一定要多吃点!

　　我们和牛羊一样用肺呼吸,所以请不要把我们和鱼类弄混了!我们是胎生的,靠吃妈妈的奶长大,这些已经足以证明我们是哺乳动物了!我们每隔一段时间必须呼吸一次呢!呼气时,我们浮出海面,用长在脑袋顶上的鼻孔猛吸一大口气,从鼻孔里呼出来的气形成了一股水柱,就像喷泉一样。当然,我们喷出来的水柱和齿鲸的截然不同:我们的水柱是垂直的,又细又高;齿鲸的水柱则是倾斜的,又粗又矮。有经验的专家,只要通过水柱就能判断我们的大小和种类呢!

　　由于你们人类的捕杀,我们须鲸家族中体形最大的鲸——蓝鲸的数量急剧减少,已经快要灭绝了。我听父母说,他们以前在这片海域里看到过蓝鲸,现在再也没有见过,所以他们还在商量着要不要带我搬家。

　　可是,我喜欢这里!温和的阳光,温暖的海水,这里这么美丽,可我们却要搬走!我恨你们人类!都是因为你们的贪心,让我们失去了家园,失去了亲朋好友,现在又被迫与出生地告别!

　　人类啊,救救我们吧!

校园流行朋友圈

阳光姐姐点评

好可爱的长须鲸宝宝，介绍起自己来带着十足的小情绪呢！汪旷小朋友不仅活泼生动地介绍了长须鲸的相关知识，让我们"涨知识"，还从小长须鲸热爱家园出发，将主题升华至人类与动物的关系以及地球生态问题。这么可爱的长须鲸宝宝，我们怎么忍心让它失去家园呢？

小狗乐乐

朱思雨

小狗乐乐是一只小泰迪犬,它原本是哥哥的宠物,后来因为哥哥学习忙碌,就被寄养在我们家。

乐乐长着一身褐色的短毛,喜欢撕咬各种玩意儿,一口牙齿十分锋利,还有一个小巧的"红鼻头"。它的小爪子摸起来舒服极了,因为小爪子上长了很多细毛,还有厚厚的一层肉垫。乐乐那圆鼓鼓的"小皮球"肚子,吃饱饭后就更圆更大。它还有一条小尾巴,你看!它向你摇晃着小尾巴,就是想和你玩呢!

我还没有喂过乐乐呢,所以很想亲自试一试。丰子恺笔下的"鹅老爷"吃起东西来不慌不忙,大模大样,真是架子十足。我家的小乐乐一见到食物,却立刻"风度全无"。乐乐需要两样东西下饭,一样是水,一样是骨头。一看见我端着它的小花碗,走向厨房,就知道有饭吃了,它悄无声息地跟在我身

后，好像是检查饭菜是否齐全，若是发现小花碗里满满的，它就坐在地上，用一双大眼睛期待地看着我。我熟练地抓一把狗粮，配上两根骨头，再盛一碗水。

我把食碗放在地上，乐乐就开始狼吞虎咽，大快朵颐。突然，乐乐出去了，留下半碗饭，里面有一根骨头。我想：乐乐从来不会没吃完饭就出去玩的。我跟随乐乐，到了乐乐的小房子前，只见乐乐偷偷摸摸地把一根骨头塞进房子的小角落里，嘿嘿，我明白了，乐乐这是要藏点食物当消夜啊！

乐乐吃完饭，大概累了，打着哈欠，开始睡觉啦！乐乐睡觉姿势很好笑，它睡觉时要蜷成一个团，它大概认为这样很舒服。假若你在远处看它睡觉，一定认为那是一个巨大的面包圈，它睡觉很安静，从不打鼾。而且它特别爱睡觉，中午睡一觉，要两个小时，晚上从九点一直睡到大天亮。乐乐喜欢和人待在一起，晚上也一样。有一次，我半夜起来上卫生间，看见一个巧克力色的东西在我的被子里，半个身子露在外面，它睡得很香，还微微流着口水，乐乐居然钻进了我的被窝！我哑然失笑，只好和它一起睡觉了，谁让我那么爱它呢！

这就是我家的小狗乐乐，它可爱、天真，虽然有时也会让我哭笑不得，但是，我非常喜欢它。

话题NO.12　动物

阳光姐姐点评

思雨小朋友对乐乐的观察真是细致入微呢，关于乐乐的平凡而又简单的小事到了思雨的眼里就变得有趣而又温情，能充分看出思雨对乐乐深厚的爱。乐乐有这样一个爱它的小主人想必十分开心吧，而有乐乐这样一只可爱的小泰迪，思雨也会很幸福呢！

校园流行朋友圈

动物星球

崔贺尧

2700年,地球上所有的人类都远走高飞。为什么呢?因为地球上的资源不够用了,石油、核能、煤炭,全部被用完了。即使地球上的五万座潮汐发电站,十五万个太阳能发电站,不眠不休地连运行十五天,也只不过能让人类使用一天。

一批批的人类从一个个机场搭乘飞机,此时的飞机已经有星际航行的能力,前往目的地 NPQ185 行星,地球上一片死寂。被遗留在地球上的动物都聚集在了一起,商量着"生存大计"。

青蛙"呱呱"地叫了两声,好像是要引起大家的注意。"开会了!开会了!"乌鸦如破锣一般的声音响起。不过一会儿,所有的动物都来到了一大块空地上。

老虎伸了个懒腰,一跃而起,跳上了一块大石头。"动物们!"老虎大吼一声,"在此,我要向大家宣布一个特大的好

消息！"

安静的动物们微微有一些激动。

"人类——搬走了！"老虎说。

动物里爆发出一阵欢呼声："太好了！"

"从今天起，我们就是地球的主人了！"老虎继续说着，"让我们走进城市，体验体验最新的科技！"

动物们沸腾了："走哇，去城市！"

"可是，我们要如何去城市呢？"不知道是谁问了一句。

一下子，动物们又都安静了下来。

这时，一只小黑叶猴跳了出来："我听说，六百多年前的人们，是用火车去城市的，离我们这不远，就有一个废弃的火车站，那里应该有火车！"

"那你会开吗？"老虎问道。

"我……"小猴挠了挠头皮，"我想，应该会开吧……"

"那好吧！"老虎说，去火车站。

一行动物，浩浩荡荡地开赴火车站！那情景，想必是相当壮观的。

到了那里，果然和小猴说的一样，一辆火车停在那里。只不过，它看上去锈迹斑斑，早已被丢弃了。

所有的动物都挤上了火车，"呜——"一声长鸣，火车开了。不过，火车总是摇摇晃晃的，让所有动物都觉得心惊肉

跳。轰隆隆，轰隆隆。经过了一个小时，火车停了。所有的动物都下了车，一进城市，他们都震惊无比。

一只只巨大的"虫子"，在半空中飞来飞去（无轨电车不靠人操纵，是电脑控制），高楼林立，还有一个气囊，在空中飘浮（气囊里是绿植）。

老虎感叹道："看来，我们都落伍了！"说完，拿出一个相机，"咔咔咔"连拍数张。

"好了，"老虎大吼一声，"都进楼房里去吧，明天早上，咱们再开个碰头会。"

第二天早上，所有的动物都来了，可是，它们个个都挂了彩，有的瘸了腿，有的磕了脚，甚至还有一只小黑猴是被担架抬过来的！

老虎皱眉："你们这都是怎么啦？"

动物们七嘴八舌，诉说着自己的不幸遭遇。

原来那只小黑猴来到一间房里，它左看看右摸摸感觉十分稀奇。

这时，一个闪着蓝光的东西，吸引了小黑猴，它一把抓起……

"噼——"小猴哆嗦了一下，重重地倒在了地上。所以只能被抬着来了。

这个蓝东西，是速效充电棒，在一瞬间，它会放出10安

的电量，在一两分钟的时间内充满电。

老虎听了动物们七嘴八舌的议论，又皱了皱眉，说："我不是对你们说过，不论碰什么，都要先看说明书！"

动物们互相看了看沉默不语。

"都回去吧！"老虎叹了口气，一挥爪，动物们都走了。

又过几天，动物们受伤的数量不断增多，有的是开飞车从上面掉了下来，有的是用电动螺丝刀划伤了手臂，老虎觉得，是到它出手管管的时候了。

老虎大吼一声："所有动物，集合！"

所有动物都走了出来。

老虎气愤地说："我告诉你们了，要仔仔细细地阅读说明书，可你们呢？肯定没有认真读吧！"

动物们都低下了头。

老虎说："我从家里找来了一本人类写的《如何使用你身边的各种用品》，你们互相传阅，学习学习吧！"

在不断学习后，动物们终于适应了人类城市和人类的生活。它们现在常常举行飞车大赛，再也没有人会摔下飞车了。它们常常用电动螺丝刀修理东西，它们还学会用速效充电棒充电，再也没有谁会被电到了。

就这样，人类从动物手中抢过来的地球，又如此这般地把地球还给了动物，还给了自然。

校园流行朋友圈

阳光姐姐点评

是不是每个人都思考过几千年甚至几万年以后的地球会是什么样子呢？阳光姐姐也偷偷想过哦，不过仍然被贺尧的想法惊艳了。因为我只是从人类的角度去考量，而贺尧却是从小动物们的角度去想象的呢，不禁叫人眼前一亮。

三只螃蟹

丁真珍

刚进门，一位不速之客向我爬来，吓得我惊叫一声。定神一看，冰箱旁、桌子下还有两只它的"同伙"偷偷摸摸地盯着我。我麻利地出手，把它们几个抓进脸盆，暗喜：哼哼，看我怎么收拾你。

脸盆里，一只螃蟹似乎和另外两只有矛盾，在不大的空间里画了一条隐形的三八线，互不理睬，却转着眼珠想侵占更多的地盘。

1号螃蟹个头最大、最孤傲，我用手拍拍它的壳，它就把眼睛倒向壳边缘的小凹槽里，又竖起来，像是打招呼呢！谁知，我刚把手伸过去，它立刻敏捷地支起钳子，狠狠地夹住了我的手指，我越想挣脱它反而夹得越紧，情急之下，我只得以毒攻毒，动手用剪刀夹它的钳子，它总算束手就擒。面对指尖的齿印，我很不服气。

校园流行
朋友圈

在我离开去洗手的空当，1号螃蟹不肯安分，伸长了八条腿妄想爬出来，好在它形单影只，无力与脸盆对抗。2号和3号小螃蟹还挺安静，躲在一旁观看。混乱中，它们突然灵机一动，只见2号螃蟹收起八条腿，3号螃蟹将一侧的四条腿搭在2号的背上，好像在玩侧手翻，另外四条腿一蹬，每条腿上最后一个关节的弯勾牢牢抠住脸盆边儿，整个身子横立起来，两只钳子因为用力张牙舞爪地晃着，它竟然要成功"越狱"了！

3号螃蟹没有独自逃走，而是就这样悬挂着。2号螃蟹慢慢起身，把3号螃蟹当作绳索，顺利地爬了上去。3号螃蟹很不好受的呀，四条腿承担双倍的重量，它的爪尖颤抖着，也不敢动弹。眼看就要坚持不住了，我不忍心，帮它们获得了自由。1号螃蟹狠狠地凝视了一会儿玩得正欢的2号、3号螃蟹，八条腿一起扭动，划着脸盆发出刺耳的响声，吐着泡泡表示强烈的不屑与愤怒。

欣喜若狂的2号和3号螃蟹颇为得意，即使是横着走，也尽量奔向斜前方，方向感十足地一路蹿向门口，敲打着门，仿佛在探问："这是个啥？我咋出不去啦？"那犹犹豫豫、东张西望的样子让人忍俊不禁，心生怜爱。

我非常好奇，又把1号螃蟹放了出来，它头也不回，大摇大摆地走向一株它"心仪已久"的雏菊，到底下躲太阳去了。

话题 NO.12 动物

我赶紧将它拿出花盆,它却抱住了雏菊的茎干,不肯放手,为了保护我的花,我只好放过这不讲理的螃蟹。

此时,厨房里传来老妈的喊声——

"我要蒸的螃蟹呢?"

阳光姐姐点评

哈哈哈,1号、2号、3号螃蟹,紧急集合!三只小螃蟹被真珍赋予了不同的性格特征,叫人一下子记住并喜欢上了它们。阳光姐姐也想参与到真珍和三只小螃蟹的欢乐中呢,只是,嘘!小心别被妈妈发现啦!

校园流行朋友圈

世界上最胖的猫

史昀卿

今天我无比荣幸地参加了世界级宠物秀节目,经过重重比赛,最终我夺得一块宠物金牌。正当我无比光荣地站上领奖台之时,领奖台发出"轰"的一声巨响,原来,领奖台被我压垮了。颁奖嘉宾要把金牌挂到我的脖子上时,费了九牛二虎的劲都挂不上去,其实这不能怪我脖子粗,只能怪金牌的绳子设计得太短了……

说了半天,你知道我是谁了吗?我是猫,喵喵喵,我是一只可爱的肥猫。

早在三年前,我还是一只流浪小猫,一个好心的小男孩儿在路上看见我,喂我吃了一块巧克力,那是我吃过的最美味食物了,于是我一路跟着小男孩儿,到了他的家,最后幸运地成为他们家一员,这家人对我实在太好了,给我好吃好住,我每天无忧无虑快乐极了。我的身体也像海绵遇见了水一样开始

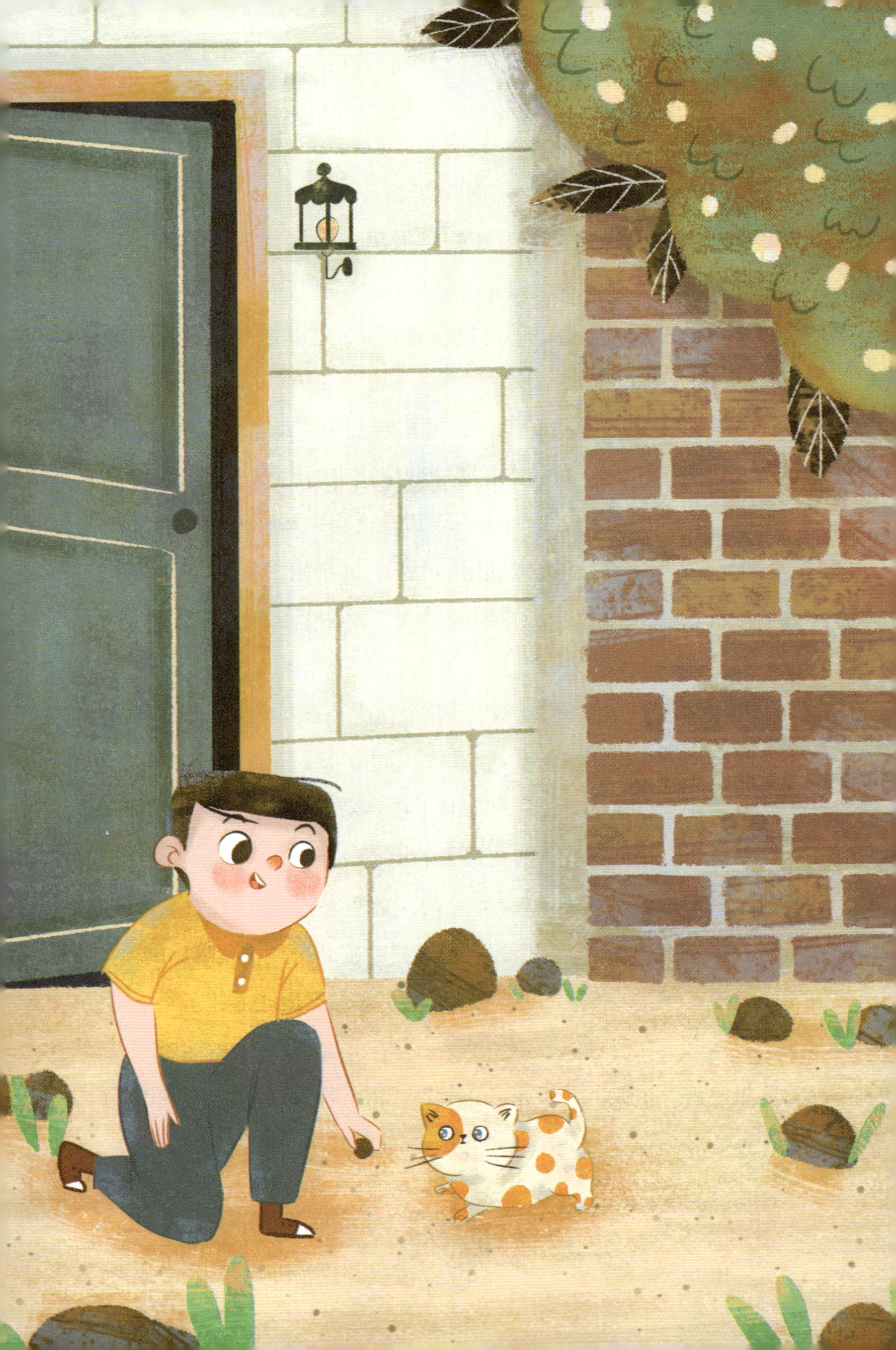

校园流行朋友圈

了暴肥，于是大家都开始叫我肥猫。

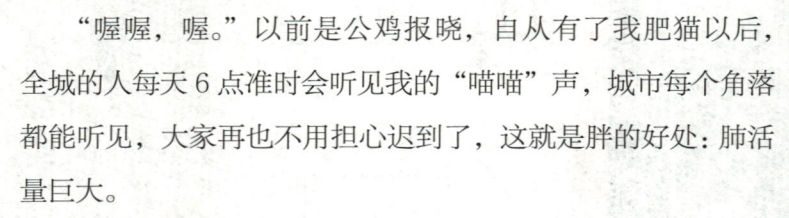

"喔喔，喔。"以前是公鸡报晓，自从有了我肥猫以后，全城的人每天 6 点准时会听见我的"喵喵"声，城市每个角落都能听见，大家再也不用担心迟到了，这就是胖的好处：肺活量巨大。

主人为了给我长见识，周末带我来到动物园。没想到我走到老虎馆时，老虎们齐刷刷地围过来对着我一个劲地咆哮，它们在说："兄弟，为什么你可以这么自由地在外面"，原来它们把我当虎了。走到熊猫馆的时候，熊猫姐姐看见了我，惊讶地说："我们熊猫头长得够圆够大了，你怎么头长得比我们还大一圈啊，你太胖了！"

过了一段时间，我胖得像个巨大南瓜似的，行走也越来越缓慢。主人干脆把我当成球滚着走。又过了几天，主人在我身上画上了世界地图，把照片上传到网上之后，吉尼斯委员会看见了，把我评为世界上最大的地球仪。

现在，我们家的房顶一两天就要修一次，因为前两天，我不幸伤风感冒了，所以不断地打喷嚏，可是，我喷出的巨大气流却把房顶顶出一个个大窟窿，家人都没地方住了。于是，我让家人在我身体下面住下来。修房子需要很多钱，我正好看见电视上播放世界级宠物秀节目，得奖就有奖金，于是我报了名，没想到，一举得到"世界上最胖猫"金牌。

话题NO.12　动物

阳光姐姐点评

昀卿小朋友十分有想象力呀，世界上最胖的猫可以给全城的人报晓，被老虎认错，被当成房子住，最后还得到了金奖！多么富有传奇色彩的胖猫，让人好笑又惊叹，连阳光姐姐都不禁想象，要是坐在猫爪子上，肯定很舒服吧！

校园流行朋友圈

鸡咯咯正传

李子越

外婆家的鸡有几十只之多,其中,有一只大公鸡独立鸡群格外引人注意。它头戴一顶鲜红的"皇冠",身披一件乌黑油亮的锦袍,脖子上垂着金黄的流苏,两只眼睛像宝石一样炯炯有神。它总是把头抬得高高的,威严不可侵犯,一看就是群鸡之王。因为它总是咯咯地叫着,我们都叫它鸡咯咯。

无私的鸡老大

听外婆说,一群母鸡总得有只管事的公鸡守护着,鸡咯咯被买回来时,已是一只成年的公鸡了,虽然家里还有几只公鸡,但它马上就后来居上,成了群鸡之王。作为鸡老大,它懂得爱民如子。每次外婆敲着食盆喂鸡时,它总是第一个赶到,"咯咯咯"地呼朋唤友,直到所有的鸡都到了,它才开始吃。要是在

外面发现了什么好吃的,它更是舍不得吃,总是一面"咕咕咕"地呼唤着母鸡们,一面把食物啄起来又放下。当母鸡们吃食时,它就张开一边翅膀围着母鸡单脚打转,一边咯咯地叫着,好像在说:"放心吃吧,我来保护你。"真不愧是一个无私的鸡老大。

勇斗侵略者

话说邻居家也有一只大公鸡,浑身金灿灿的羽毛,也是鸡中美男子。这只黄公鸡早就对外婆家的母鸡虎视眈眈了,经常抢母鸡们的食物,还欺负小母鸡。

这天,黄公鸡溜进院子里,用一个花生壳做诱饵欺骗一只小芦花母鸡,趁小芦花母鸡啄花生壳的当儿,它居然跳到小母鸡的背上,啄住小母鸡的脖子。眼看小母鸡就要遭殃了,鸡咯咯一个箭步冲过来,竖起脖子上的翎毛,像一只发怒的雄狮。黄公鸡也不甘示弱,张开翅膀,低着头,瞪着眼,和鸡咯咯周旋着。

忽然,鸡咯咯猛地跃起,对准黄公鸡的鸡冠子就是一嘴,黄公鸡不愧是沙场老将,扭过头就啄住了鸡咯咯下巴上的鸡冠子,鸡咯咯被激怒了,跳起来,对着黄公鸡的头一阵猛啄,两只斗鸡雄起起,气昂昂,谁也不肯认输,它们扑打着翅膀,变换着步伐,扬起了一阵尘土。

不一会儿,斗争陷入僵局,它们的头一点一点的,仿佛

在找进攻的最佳位置。就在这时，鸡咯咯趁对方还没反应过来，猛地跳起来，啄住黄公鸡的鸡冠不放，终于，黄公鸡疼得倒地了，鸡咯咯越战越勇，它啄对方的背，啄它的脖子……黄公鸡再无招架之力，只好收起翅膀和翎毛，开始啄地上的石子，这是在向鸡咯咯投降呢。不过，鸡咯咯可不吃这一套，它乘胜追击，直到把敌人赶出好远，才一路咯咯地唱着凯歌跑回来，那样子俨然就像一位得胜的将军。

智斗黄鼠狼

外婆家附近常有黄鼠狼出没，丢鸡是常有的事。这天中午，鸡咯咯带领着鸡群在门前的竹林里觅食。忽然听到一阵鸡拍打翅膀的慌乱声和鸡咯咯尖锐洪亮的叫声，好像在厉声呵斥一位不速之客，又像在呼唤主人："快来人啊，抓偷鸡贼啊！"我和外婆跑出来一看，只见一个褐黄色的影子蹿进旁边的茶树林里不见了。一只小母鸡的翅膀受伤了，外婆说，要不是鸡咯咯及时发出警报，这只小母鸡早就成了黄鼠狼的午餐了。

痛失鸡咯咯

然而，英雄气短，不幸的事还是发生了。

话题NO.12 动物

一天清早,外婆照例打开鸡屋的门,把鸡放出来喂食,却发现鸡咯咯不见了。这是少有的事,因为每次喂食,鸡咯咯必定第一个赶到,代替主人呼唤群鸡,维持秩序。外婆敲着食盆到处呼唤,鸡咯咯还是没有回来。我和弟弟赶紧起床,帮忙寻找,然而,整个村子都找遍了,仍不见鸡咯咯神气的影子。我知道,不用找了,鸡咯咯不会这么失职的,除非它已不在"鸡间"了。我突然想起丰子恺先生那只具有壮士风和高士风的猫,宁愿战死沙场,马革裹尸,或情愿遁迹深山,不知所终。我想我家的鸡咯咯应该也是具有这样的鸡性吧。

阳光姐姐点评

鸡咯咯真是一只有态度有担当的鸡呀,像一个大哥哥一样保护着子越外婆家的母鸡和小鸡们,就连遇到天敌黄鼠狼也丝毫不胆怯,多么勇敢!这样一只鸡怎么会甘愿做一只家禽呢?高峻的山峰、壮丽的河海才是它原本的家,阳光姐姐相信,鸡咯咯只是完成了自己的使命,然后悄无声息地离开了,挥一挥鸡翅,不带走一片云彩。

校园流行朋友圈

仓鼠出没，请注意

朱 珠

星期天的下午，天气晴朗。我和闺密去逛街。

在路过宠物店时，我们看见几只可爱的仓鼠。当时它们正在做运动，其中几只还特别淘气。你看那只花白相间的仓鼠，四只爪子一起开工，在笼子上爬上爬下。时而歇一歇，停下来吃点小米补充能量；时而铆足了劲，用力向上方爬去……可爱极了！直把我们看得心里痒痒，这不，没忍住终于买了两只小仓鼠回家。

由于父母不同意我养宠物。回到家后，我只好用一个塑料盒装着，并在盖子上剪了一个仓鼠脑袋大小的洞。然后再小心地将盒子藏在衣柜底下。

"只要它们乖乖的，不跑出来，应该就不会被发现。"抱着这样的侥幸心理，我上床睡起觉来。睡到半夜，我突然被一阵声音吵醒了："沙——沙——沙。"肯定是仓鼠在挖洞！我

起来一看，衣柜下面，果然发现有一只仓鼠正在拼命地挖"地洞"，另一只仓鼠却早已不见了踪影。

"竟然不见了！它是在和我躲猫猫吗？像我这么聪明，应该很快就可以找到的！"我一边安慰自己，一边偷偷拿起小夜灯，仔细地搜索房间的每一个角落。

桌子下没有，橱柜下没有，床底下也没有……它会去哪儿呢？它会躲到客厅里吗？我又轻手轻脚地到客厅里寻找。椅子下，桌子底下……仍然没有它的踪迹。它不会是躲在父母的房间里吧？那不可能，要知道爸妈睡觉可是有关门习惯的，它怎么进得了呢！怀着忐忑不安的心情，我蹑手蹑脚地回到自己房间继续睡觉，并再一次心存侥幸：它只是躲起来了，饿了它自然会出现！

"啊！"清晨，天刚蒙蒙亮，父母的房里便传来一声惊叫。我一骨碌爬起来，心怦怦直跳：会是它吗？刚打开门，正看见妈妈惊慌地跑出房门。而那只仓鼠，它此刻正在爸爸手里张着嘴，不停地挥舞着小爪子，好像在说："快放开我！快放开我！"

我连忙把盒子拿出来，连话儿也不敢大声说："对不起，爸爸，仓鼠是我买回来的，您快把它放进来吧！"爸爸只是静静地看了我一会儿，什么也没说就把仓鼠放回了盒子里。一旁

的妈妈则依然还没有平静下来，眼神还是慌慌的。

也许是这只仓鼠太调皮了，也许它并不愿意待在这小小的盒子里，只见它一进盒子就立刻把头伸向小洞。可是洞口有点小，它先挤出了头，接着伸出了小爪子，撑在盖子上，然后让身子不停地扭动，再后脚轻轻一蹬，就像运动员撑双竿一样，一下子就出来了。真是太神奇了！圆圆的仓鼠竟然可以穿过比它身体小得多的洞！眼看着仓鼠又要逃走，妈妈再次"啊啊"大叫。而我，则彻底吓傻了，呆呆地站在那儿。幸好爸爸反应快，用纸片堵住洞口。

我们安心了，小仓鼠却着急了，"吱吱，吱吱"地在原地打转，仿佛在抗议："我要出去，我不要被关禁闭！我不要在这个狭小的地方待着！"最后还是妈妈聪明，她拿来了新的盒子，把仓鼠捉进去，又重新在盖子上剪了个更小的洞，这才制止了仓鼠再一次的逃脱。

事情终于告一段落，大家回房继续睡觉。可是爸爸的睡眠不好，不久之后就起来看新闻了。我也睡不着，担心天亮后的父母的责备……

说到这里，我想我有必要提醒一下那些和我一样，想偷偷养小动物的小朋友：一定要先征得家长的同意，才能养小动物哦！否则，就会像我一样：插曲不断，麻烦连连！

话题NO.12 动物

阳光姐姐点评

小仓鼠小小的一团,多么可爱呀,大多数人看见它都会走不动道吧!但是珠珠说得也没错哦,如果贸然把它带回家,也许会带来意想不到的麻烦,爸爸妈妈睡不好觉,妈妈被吓到,自己还免不了一顿批评。不如我们提前和爸爸妈妈商量好,一起迎接小仓鼠的到来。

八哥出笼

脱纮舜

前阵子，爸爸买回来了一只小八哥，说是送给我的，要我好好养着它。

小八哥买回来的时候还不会飞，浑身黑灰色的羽毛中还夹杂了一些细黄绒毛没有退掉。嘴巴是黄黄的、尖尖的，翅膀上的羽毛也还没有长齐呢！

每天我都会去给小八哥喂食，有时还会逗它说话。很快，一个多月过去了。小八哥身上的黄毛也退了很多，浑身的羽毛变得亮亮的，翅膀上还有一两根白色的羽毛，很是漂亮。它眼睛边上也长出了一圈黄黄的皮。嘴巴也是黄色的了，而且又尖又利，那是它经常磨嘴巴的缘故。

那天，我看到爸爸又在给小八哥洗澡。让小八哥自己飞去洗澡那应该是蛮好玩的吧？想到这儿，我就问爸爸："把八哥放出来，它会不会自己飞去洗澡？"

"它从小就被我们养着，现在把它放出去，它是不会飞走的。但是它自己会不会飞去洗澡我也不知道，要不然，你试试看吧！"虽然爸爸这样说，可是我还是不放心，生怕把它放出来，它就会飞走。

我把门、窗关好，准备将小八哥放出笼子。为了防止它受伤，连电风扇也关了。可当我周全地准备好一切之后，不管用了多少法子，小八哥就是不敢从笼子里出来。这可怎么办呢？我想来想去，最后决定，用它特别喜欢吃的面包虫来引诱它出笼子。

我先把一条面包虫悄悄地放在笼子门口的地上，然后躲在一边悄悄地观察它的动静。只见小八哥先是缩头缩脑地左看右看，很快就发现了面包虫。一看到面包虫，小八哥就什么都忘记了，兴奋地跳了出来，一口叼住面包虫子，大快朵颐起来。见它吃得这么兴奋，我赶紧又拿了一条面包虫，放在离笼子更远一点的地方，见到虫子，它又往前跳过来吃……就这样，我一直往前面放虫子，它就一直跳过来吃。不知不觉地，小八哥就跳出了笼子。

发现自己不小心出来了之后，小八哥先是吓一跳，紧接着又小心翼翼地左右看看。等发现笼子外面的环境很安全后，它就怡然自得地在房间里跳来跳去的。不知道它是不是还有点害怕，虽然它扇了好多次翅膀，可就是飞不起来。不管怎么样，小八哥勇敢地跳出了笼子，还是让我激动了好久！

校园流行朋友圈

阳光姐姐点评

不知道纮舜有没有在养八哥的过程中感受到自己变成了一个小家长，看着小八哥的羽毛逐渐变化，内心也会变得渐渐充实，引导它走出笼子，自己也跟着激动起来。我们和小动物共同生活，一起成长，甚至还能提前体会到做父母的感受，有了这只小八哥，生活也变得更加丰富多彩了呢！

话题NO.12 动物

路遇小刺猬

杨千寻

"来抓我呀！"我和一群小伙伴在树林里假装强盗与商人，兴高采烈地追逐着。

忽然，正在躲避"强盗"的我一下子停住了，前面的石板小路上似乎有个东西，圆滚滚、胖乎乎的。随着路灯的闪烁，我慢慢看清楚了：那个"球"是个活物，它待在地上，身体似乎在抖动，一颤一颤的，还慢慢向前滚动着。

"喂，你怎么还愣着？'强盗'来啦！"我的1号死党程程飞跑过来。

我的眼睛直勾勾地盯着那个圆球，象征性地挪了几步。程程好奇地顺着我的目光看去："咦，那是什么？"程程往前凑了凑："好多刺呀！是刺猬！"

大伙儿慢慢地聚拢过来，伸长了脖子，打量着那只小刺猬。段天泽小心翼翼地走过去，仔细观察起小刺猬。我们也都

挤了过去。只见这只小刺猬竖着满身的刺,尖尖的小鼻子不安地抽动着,乌溜溜的小眼睛里满是惊恐。仔细打量,这只小刺猬身上的刺好像比别的地方颜色浅一些,呈灰白色,大概是因为太小吧!我轻轻伸出手摸了摸它的刺,居然有点儿软,不像大刺猬的刺那般扎人。郝乐雨说:"过几个月它的刺就该变得黑一些、硬一些了吧?"我们纷纷点头。

看着眼前的小刺猬,我不禁想:小刺猬为什么自己在外面乱逛,刺猬妈妈呢?它会觅食吗?遇上野猫该怎么办?在这个弱肉强食的大自然,小刺猬能生存下去吗?

被这么多人围观,小刺猬好像很不自在。它战战兢兢地望着我们,然后寻找着空隙,想从人群的缝隙中爬向草丛。它往这边爬几步,又往那边爬几步,始终找不到出路。我注意到它的后腿似乎受伤了。我很想抱着小刺猬回家,给它包扎伤口,可是,我刚一伸出手,它就露出一口尖牙,向我示威,仿佛在说:"我属于这儿,属于大自然!你别想打我的主意!"大概它害怕变成人类的宠物吧!唉,小刺猬,你误解我了!

我缩回了手,伙伴们也退到了远处。小刺猬慢慢地爬到草丛里,扒开落叶,把自己缩成一个球,蜷缩到里面,再也不出来了。

"我们不要打扰它了。"程程说,"继续玩游戏吧!"伙伴们都陆续散去了,只有我还站在树林里,默默地祈祷:"小刺

话题NO.12 动物

猬,希望你的伤赶快好起来!祝你好运。"

一轮明月在天空中洒下一片银色的光辉,该回家了。我绕了个弯,再次走到石板小路那里,向小刺猬道别。远处,我家早已亮了一盏灯,等候着我。小刺猬,祝你找到妈妈,也拥有一个温暖的家!

阳光姐姐点评

一只受伤的小刺猬,它弱小又无助,面对充满善意的小作者一行人却眼露惊恐。有时候就是这样,动物有着属于它们自己的生活,不需要我们去过多干扰,它们能在大自然中不被打搅,就是我们给它们最大的安全感。

校园流行朋友圈

狗也有"人情"

舒勇豪

我们大家都知道，人有感情。可我要是告诉你，狗也像人一样，有丰富的情感，你相信吗？

星期天，我去中央公园玩，正巧遇上了一个新认识不久的朋友。当时，他在给他的狗喂狗粮。那只狗叫"花花"，皮毛黑白相间，目光炯炯，腿又细又长，很是惹人喜爱。

看到狗吃得津津有味，我突发奇想：狗是不是跟人一样有情感呢？于是便问道："你的狗会开心吗？"他回答："当然了！"看见我不怎么相信，他接着说："我每天放学只要一回到家，他见到我就会特别高兴！见到我爸也会很高兴！"

我还是不相信，要他证明给我看，朋友同意了。趁狗一个不注意，朋友飞奔躲进草丛，我也跟着躲了起来。狗一回

头，发现主人不见了，急得上蹿下跳，四处寻找主人。只见它东找找，西望望，把整个公园都跑了一圈，还是没有找到主人，急得汪汪直叫。看到自己的狗急成这样，朋友实在是不忍心，就从草丛里钻出来，大摇大摆地朝狗走了过去。

狗狗看见朋友出来了，非常开心地摇晃着脑袋，把尾巴翘得高高的，朝主人奔去。一接到主人，还兴奋地在他身边转了两圈。大概觉得这样还不够表达自己的兴奋，它又跳了起来，舔了舔我朋友的脸——这简直把我惊呆了！

在给狗吃了根排骨以后，朋友又拿了一个水晶球出来，放在地上。他用手推了一下水晶球，水晶球就滚到小狗的脚下，小狗又把水晶球踢了回来。球一回来，朋友又把水晶球踢了回去。但这一回，小狗没有接到，伤心地低下了头。见它如此自责，朋友跑过去摸摸它的头，安慰它："没关系，下次再努力！"

"你相信我说的话了吧？"朋友捅了捅我，我连连点头。原来，狗真的和人一样，有自己的喜怒哀乐，甚至还有表情，只是我以前没有发现罢了！其实，现实生活中也有很多事情，虽然你觉得不可能，甚至不可思议，但它的确存在，只不过我们没有发现，我们不知道罢了！

校园流行朋友圈

阳光姐姐点评

狗狗真的很通人性，当你快乐的时候，它乐意陪着你一起疯，当你沮丧的时候，它会默默躺在你的身边。狗狗的内心情感很丰富，虽然是一种无声的陪伴，但却超越了种族的界限。所以呀，我们更应该尊重和关心它们，毕竟爱都是相互的。

蜈蚣宝贝的鞋子

张馨元

一亿年前，在遥远而浩瀚的外太空，生活着两只蜈蚣。

蜈蚣太太被蜈蚣先生身上特有的阳刚之气所吸引，又被一颗钻戒以及一个名牌包包所打动，顺利地嫁给了蜈蚣先生，住进了蜈蚣先生的小洋房里。

相爱的蜈蚣夫妇结婚不久，蜈蚣太太孵化了第一批卵，整整一百条小蜈蚣诞生了，从那之后，蜈蚣先生也就是现在的蜈蚣老爸便开始了起早贪黑拼命挣钱的生活。

日子一天天过去了，小蜈蚣们慢慢地成长着。蜈蚣夫妇的工作、生活也逐渐步入正轨。此时他们的家庭收入，已经足够丰衣足食。可一切都被蜈蚣1号宝宝打破了。

有一天，古灵精怪、爱出歪主意的蜈蚣1号宝宝对老爸说："爸爸，你给我买鞋吧！你看，狐狸阿姨、老虎叔叔都有鞋子，我们为什么不买鞋子穿呢？"

蜈蚣老爸顿时就蒙了，他掐指一算：如果给蜈蚣1号宝宝

校园流行朋友圈

买鞋子的话,那么蜈蚣2宝、蜈蚣3宝,一直到蜈蚣100号宝宝,不都得哭着闹着讨鞋子穿!一双鞋子至少也要百八十块钱,况且我们又有如此多的脚!这样算起来,给宝贝们买鞋子可不是需要上百万!再说了,给蜈蚣老妈的聘礼,蜈蚣老妈分娩时的月嫂费,蜈蚣宝贝们小时候的奶粉钱,已经把我的钱花得所剩无几了!尽管现在我们能丰衣足食,但是保证好温饱后,银子也寥寥无几了。

蜈蚣老爸想耸耸肩,抖掉一身的鸡皮疙瘩,无奈地对小蜈蚣说:"儿子,老爸可没那么多钱啊!"

可蜈蚣老爸不会让小蜈蚣为自己的家庭经济发愁,于是他拍拍胸脯,一副大义凛然的样子:"儿子,这事儿就包在我身上了!"

于是蜈蚣老爸早出晚归、废寝忘食的日子又来了。终于,蜈蚣1号宝宝的鞋子钱挣够了。蜈蚣老爸问宝贝儿子:"你想要什么样式的鞋子呢?"

蜈蚣1号宝宝不假思索地说:"黄色的,配上会发光的荧光色!"

鞋子很快就在小蜈蚣的脚上安家落户。可"一哭二闹三上吊"的阵势也在其他蜈蚣宝贝身上蔓延开来。

"为什么大哥有鞋子我们却没有?!"其他小蜈蚣的抗议声无数次掀翻了家的房顶。

此时的蜈蚣老爸对于这一发不可收拾的混乱局面无可奈

话题 NO.12 动物

何,只能继续死命挣钱,为其他宝贝们购买鞋子。

小蜈蚣们等不及了,纷纷去抢夺他们的大哥——蜈蚣1号宝宝的鞋子。可怜的蜈蚣1号宝宝,从有鞋子那天起就没安生过。自己好容易要来的鞋子却不敢穿,为了避免其他小蜈蚣的"激烈攻势",把鞋子藏得十分隐秘。

蜈蚣老爸终于陆续买来了和蜈蚣1号宝宝一模一样的第二、第三双鞋子(天知道如果鞋子不一样他们会不会集体跳楼)。但是,蜈蚣老爸的能力有限,总是还有其他小蜈蚣宝宝得不到梦寐以求的鞋子。"鞋子大战"的战火也因此不能熄灭。

有鞋子的小蜈蚣在无鞋(没有鞋子)的小蜈蚣的步步紧逼下,纷纷把鞋子藏在床底、抽屉里,甚至——垃圾桶里。

有一天,蜈蚣老爸望着漆黑的夜空中,月亮的周围,簇拥着许许多多黄色的,会眨眼睛的小东西。

他赶紧叫来宝贝们:"你们看,那是什么?"

那些有鞋子的小蜈蚣相视一笑:"哈哈,那是我们的鞋子!"

阳光姐姐点评

蜈蚣爸爸真的好有压力呀,哈哈,这么多宝宝,如果每个都吵着要鞋子,那不是得把爸爸累死呀。话说回来,作为孩子还是得体谅一下我们的父母,他们要养家糊口,还要保证一定的生活质量,为了这个家真的是很不容易呢。

校园流行朋友圈

一只小蚂蚁的冒险

孙 遥

在庞大的蚂蚁家族里面,有一只平凡的小蚂蚁。它长得又黑又瘦,和别的小蚂蚁并没什么区别,可是,它的梦想却和别的蚂蚁不一样。

有的蚂蚁想成为工蚁,搬运数不尽的粮食,填饱大家的肚子;有的蚂蚁想成为兵蚁,保家卫国,打倒外来的入侵者……

可是,这只名叫小黑的小蚂蚁却特别厌倦这种单调乏味的生活,它的梦想就是成为一名冒险家,追求刺激而新奇的生活,实现它的"英雄梦"!它经常讥笑其他安分守己的小蚂蚁,认为它们都是胆小平庸之辈。小黑的爸爸妈妈为儿子的这个奇葩想法感到很头疼,可有什么办法呢?谁也无法改变小黑要成为冒险之王的"英雄梦"!

没想到,一阵突如其来的狂风,帮小蚂蚁实现了梦寐以

求的冒险梦！那是六月的一个早上，天蒙蒙亮，蚂蚁部队浩浩荡荡地出去寻找食物的时候，一阵狂风突然刮了过来。别的蚂蚁急忙躲到树叶后面避风，谁都知道狂风的威力！它可以把蚁群卷起来，然后再狠狠地摔下去，摔个粉身碎骨呢！可是，小黑却躲闪不及，被大风给卷了起来。大风挟裹着小黑吹啊吹啊，小黑只觉得天旋地转的也不知道被吹到了哪里，心里恐惧到了极点。可是，小黑并没有被摔在地上，而是掉进了河里。一条调皮的小鱼张开大嘴呼吸，正好把小黑给吞进了肚子里面。完了，这可怎么办？难道我小黑今天就要葬身鱼腹啦？小黑绝望地想。

　　这时候，小鱼突然打了一个喷嚏。小黑被喷了出来，落到了水面。拼命挣扎的小黑终于抓住了一片落叶，并没有死掉。逃过一劫的小黑松了一口气。突然，小黑发现在落叶上面除了自己，还有一只螳螂！螳螂看起来对自己不感兴趣，可它还是伸出了锋利的大刀，看起来要拿小蚂蚁作为活靶子杀死呢！天啊！这真是危机重重！

　　幸好这个时候，一只麻雀飞下来，用嘴叼住了螳螂，把它吃掉了。麻雀落下时踩沉了落叶，小黑又一次掉进了水里面。小黑很快就失去了知觉，被大水给吞没了。

　　等小黑醒来的时候，发现自己正躺在一片落叶上面。旁边则是几只小蚂蚁。原来啊，小黑那天大难不死，被水冲上了

校园流行朋友圈

岸。自从小黑被风吹走之后,蚂蚁部队顾不得寻找食物,四处焦急地寻找小黑的下落。刚才蚂蚁们找到了被水冲上岸的小黑,急忙给它进行"蚁"工按摩,终于把奄奄一息的小黑给救活了。

从此以后,小黑彻底打消了成为冒险家的念头,每天踏踏实实、勤勤恳恳地工作着。它发现,原来充实地过好每一天,也是一件很快乐的事呢!

阳光姐姐点评

哈哈,小蚂蚁冒险的经历真的是奇特又惊心动魄呢,本来是不想过循规蹈矩的生活,但是在经历了一系列现实打击后,才猛然发现,原来当初的自己有点太不切实际啦。我突然想到咱们很多小朋友都有着自己的梦想,但是,你们可不能好高骛远哦,一定要先踏实走好现在的每一步,未来才有无限的可能。

做我的雪宝

董开超

沫沫放学刚到家,就发现家里一片狼藉。原本很小很小的家一下子更乱了,啃过的苹果、白菜渣渣、沙发靠枕,在地上横七竖八地躺着。

怪了,家里进贼啦?

沫沫的心怦怦直跳,她拿起立在门旁的扫把,轻声慢步地在客厅里浏览……真怪了,看样子没有坏人啊?继续搜,厨房没有、卧室没有、洗手间没有,就差阳台没细查。沫沫再次轻手轻脚地走在地板上,生怕发出一点儿声音。

沫沫微微推开阳台里的窗帘,里面突然蹦出来一只受惊吓的怪物。这只怪物小巧极了,乍一看像个毛球球,行动轻快灵活,"嗖"的一下就跑没了。面对这只乱跑乱撞的小怪物,沫沫愣了几秒。被突如其来的小怪物吓了一身汗,沫沫没做好心理准备,所以没看清它的面目。

校园流行
朋友圈

哎，话说这只毛球到底是什么呢？是猫还是老鼠？是狗还是兔子？沫沫开始怀疑起来。

"小东西！哪里跑，胆子好肥呀！"沫沫在房间里又搜索了半天，终于在洗手间里找到了这只毛球。原来是只黑眼白兔子呀。

这次沫沫敏捷地一把抱起兔子。起初兔子夸张地踢蹬了几下腿，挣扎了一会儿，然后就不动了。沫沫还以为自己把它捏疼了，就松开了点手。刹那间，兔子突然蹬了一下，从沫沫手中跳出。"搞什么嘛！"沫沫不禁来了兴趣，觉得这只兔子长得讨喜，想留下收养它。

"行行行，让你在家里待会儿吧！我要写作业了。"沫沫把手豪迈地一挥，回了书房。

突然，耳畔传来撕纸的声音。沫沫好奇地回头一看，天哪！被风吹落的试卷被它撕得一团糟。

沫沫的心在咆哮，觉得浑身的血液都往头顶冒。

"臭兔子，你到底从哪儿来的？别以为你长得很可爱，就能在我家放诞无礼！"沫沫开始抓狂了。

但这番话无异于对牛弹琴。兔子继续无视沫沫，尖利的爪子撕着试卷。沫沫真想把它一脚踢出去。

"信不信我拎你的耳朵，拔光你的毛，让你成为史上最难看的兔子？"沫沫对着它吼。兔子就像中了什么魔咒，定格在

那儿不动,两眼水汪汪。拎耳朵是小事,拔了毛,光溜溜的兔子可没前途。

沫沫盯着兔子,心软了,她笑了一下,说:"逗你玩的,别当真了,乖乖的呀,你看你,把我家弄成什么样子了……"兔子听了,缩成一团睡着了。它缩成一团,方方的,真像个方块形的大面包;它缩成一团,比一只小型犬大一点儿,但比小型犬胖多了。不过总算可以安静会儿了。

其实这只兔子长得蛮好看的,一身雪白的毛,没有半点杂色,黑色的眼睛外还自带烟熏,就是浅了点……等一下,为什么有股尿味?

兔子拉尿在地板上……果然,周围还有几颗大小相同的"黑球球"。

"起来起来,我要擦地板了。"沫沫揉了揉兔子,兔子便醒了。"我叫你什么名字?"她问兔子。兔子舔舔手掌,把身子立起来,搓了搓脸蛋,一点儿也没有在乎沫沫的意思。"我叫你雪宝好吗?你瞧你,站起来多像个雪人!"

"雪宝!"兔子一蹦一跳地靠近她了。

沫沫感到惊奇极了,她又叫了声。

兔子朝她扑来。沫沫摸了摸它的头。看来,它之前是有主人的,而且也叫它雪宝吧。

"饿了吧?吃点东西吧!"沫沫拿来几片新鲜白菜叶,

它咬到叶薄的地方发出"唰唰唰"声,咬到叶厚的地方发出"咯嗒、咯嗒"声。雪宝吃得很欢,一下子就吃完了,看样子饿极了。"我见过兔子,但没见过像你这样破坏力强的兔子!多吃菜会拉肚子,你就忍会儿再吃吧。"沫沫依旧对牛弹琴。

这时,兔子靠过来,紧紧依偎着沫沫,眼里挤着泪花,嘴巴里发出"呜呜"的哭声,两只前爪高高地趴着,像抱着沫沫似的。它可能想自己的主人了,我应该放它出去,给它自由。沫沫打开门示意它回家,沫沫怎么知道它无处可归呢!它可怜地挪动脚步,耷拉着脑袋看向她,似乎有种依依不舍。

第二天、第三天,雪宝又来沫沫家的小院子里。它经常见沫沫在楼下院里浇灌小草、小花。发现沫沫特别喜欢小生命,连一只蚂蚁都舍不得踩,还经常留美味的食物喂它们;沫沫喜欢拾掉落满地的花瓣和树叶,她的巧手能拼出错落有致、浓浓香气的画,引来飞蝶漫舞。在她的家里,到处挂满了、摆满了不一样的画。有人想出高价购买她的画,她却摇头不同意。

雪宝悄悄地看着沫沫,看着看着它睡着了,小鼻孔吹着小泡泡,一起一伏。

"咦,什么呀?"沫沫不小心绊脚了。低头看,"雪宝。哈

哈，我正想你呢，看来你也在想我呀。"

"行了，别睡了，咱们回家睡，在这里会着凉的。"她悄悄地抱起雪宝。觉得它可爱又可怜。沫沫似乎察觉到了它是一只流浪兔。

阳光姐姐点评

原来雪宝是一只既可爱又调皮的小白兔哇，这只无家可归的小兔子，在特别喜欢小动物的沫沫这里，受到了悉心照料。虽然雪宝有时候很"无礼"，但是面对这样一只萌宠，谁能真的忍心对它发怒呢？希望这只本来惹人怜的流浪兔，能够感受到人类的温暖与关怀，从此进入真正的温柔乡。

壁虎奇缘

余 岳

早上起来,我微微睁开了两只疲劳的眼睛,可能是因为昨天睡觉太晚,我感觉精神不佳。突然,我萌生了一个想法:赖床十分钟!于是,我装睡在床上又躺了十几分钟。妈妈见我还没有下楼吃早餐,"噔噔噔"跑上楼来,直奔我的房间。我听着由远而近的脚步声,立刻保持住一动不动的睡姿,连鼻子里都响起了巨大的鼾声。

妈妈见我这样,好像已经知道了我在装睡,自言自语道:"昨天晚上,我正准备熄灯到楼上睡觉,看到一个黑不溜秋的小东西正在地上爬……吓得我心里直发毛。我壮了壮胆子,走近了一看,原来是一只小壁虎!我用塑料袋罩住它,顺手把它装进了塑料袋里……"

"真的?快带我下去看看!"我顾不得装睡,一骨碌爬了起来,疲累的感觉不知不觉已经被抛到了九霄云外。

话题NO.12 动物

"嗯,好。你先刷牙……"没等妈妈说完,我就以光速冲进了卫生间刷牙洗脸,再以光速冲出卫生间,奔向楼下。这时的我,心急得甚至没有穿好衣服,还只穿着一身薄薄的睡衣。

"哇!"我看着被透明塑料袋困住的小壁虎,不由得大吃一惊。壁虎的身体非常小,长度只有大人的两个指甲盖那么长。它的颜色好像是深褐色又好像是墨绿色。没办法,透过塑料袋我也看得不太清楚。它的头是椭圆形的,嘴巴像鸭子一样像一块突出的圆板。它有四只小爪子,各有五个小指头,并且这些小指头还总是半分半合的。

小壁虎在塑料袋里爬来爬去,时不时摇动着它那小小的脑袋,两眼里似乎露出凶光,仿佛在让我赶快让它恢复自由。我忽然发现这只小壁虎怎么没有了尾巴,我赶紧问妈妈是怎么回事。妈妈为我解惑,她说:"它本来是有尾巴的,但我用塑料袋捏住它的时候,它左右扭动。我一下子用力过猛,把它的尾巴给拉掉了。不要紧,过几天它就会再长出来。"

"啊!"听了妈妈的话,我十分高兴,"我早就想观察并研究一下壁虎的尾巴,看看它是如何再生的。"

妈妈说:"可是,我们没有给它吃的食物,它会饿死的!"

"那,我们就把它放生吧,让它回归自然!"我提议道。

"嗯,正好我现在要出去倒垃圾,那咱们就一起下去吧!"我没有想到妈妈会这么快同意我的提议,就没有再说什

校园流行
朋友圈

么，其实我心里有些舍不得这么快就和小壁虎告别。

我提上装着小壁虎的塑料袋随妈妈下楼了。我们停在了小区的绿化带旁，我缓缓解开了塑料袋，然后把小壁虎抖了出来。小壁虎在地上打了几个滚，又摔了一跤，才爬稳了。我像赶小狗一样对小壁虎"嘘嘘"不停，那只小壁虎好像才知道我要放它走，转回了头，好像在感激我，又好像在和我告别，然后，它一下子钻进了旁边的灌木丛里，一转眼就消失了……

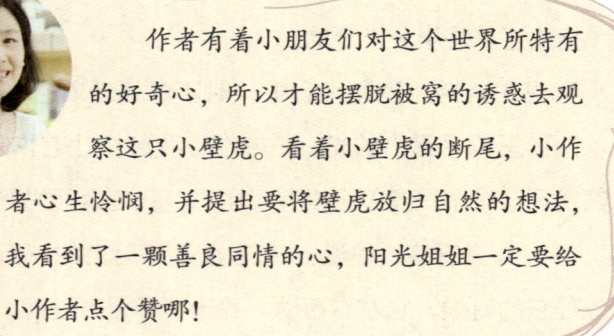

阳光姐姐点评

作者有着小朋友们对这个世界所特有的好奇心，所以才能摆脱被窝的诱惑去观察这只小壁虎。看着小壁虎的断尾，小作者心生怜悯，并提出要将壁虎放归自然的想法，我看到了一颗善良同情的心，阳光姐姐一定要给小作者点个赞哪！

话题 NO.12 动物

窗外的鸟巢

卢江坤

我家窗外有一棵树,树上有一个鸟巢。树是梧桐树,巢是喜鹊巢。俗话说,栽下梧桐树,引来金凤凰。看来这金凤凰就是喜鹊了。自从我们搬到这里,它和我们就成了"邻居"。我们相处得很和平,互不伤害,它每天都用清脆的鸣声叫我起床,成了我的定时闹钟。

下面,我就带你去一起认识一下我的好"邻居"吧!

天才建造师

我不得不说,我的"邻居"是一个天才建造师。它把巢建在大树主干的一个三角处,看来鸟儿也知道三角形是最稳固的。它是不是上过"剑桥鸟儿建筑大学"呢?那些筑巢的小树枝都柔软而又有韧性,鸟儿用灵巧的嘴像拼积木一样,

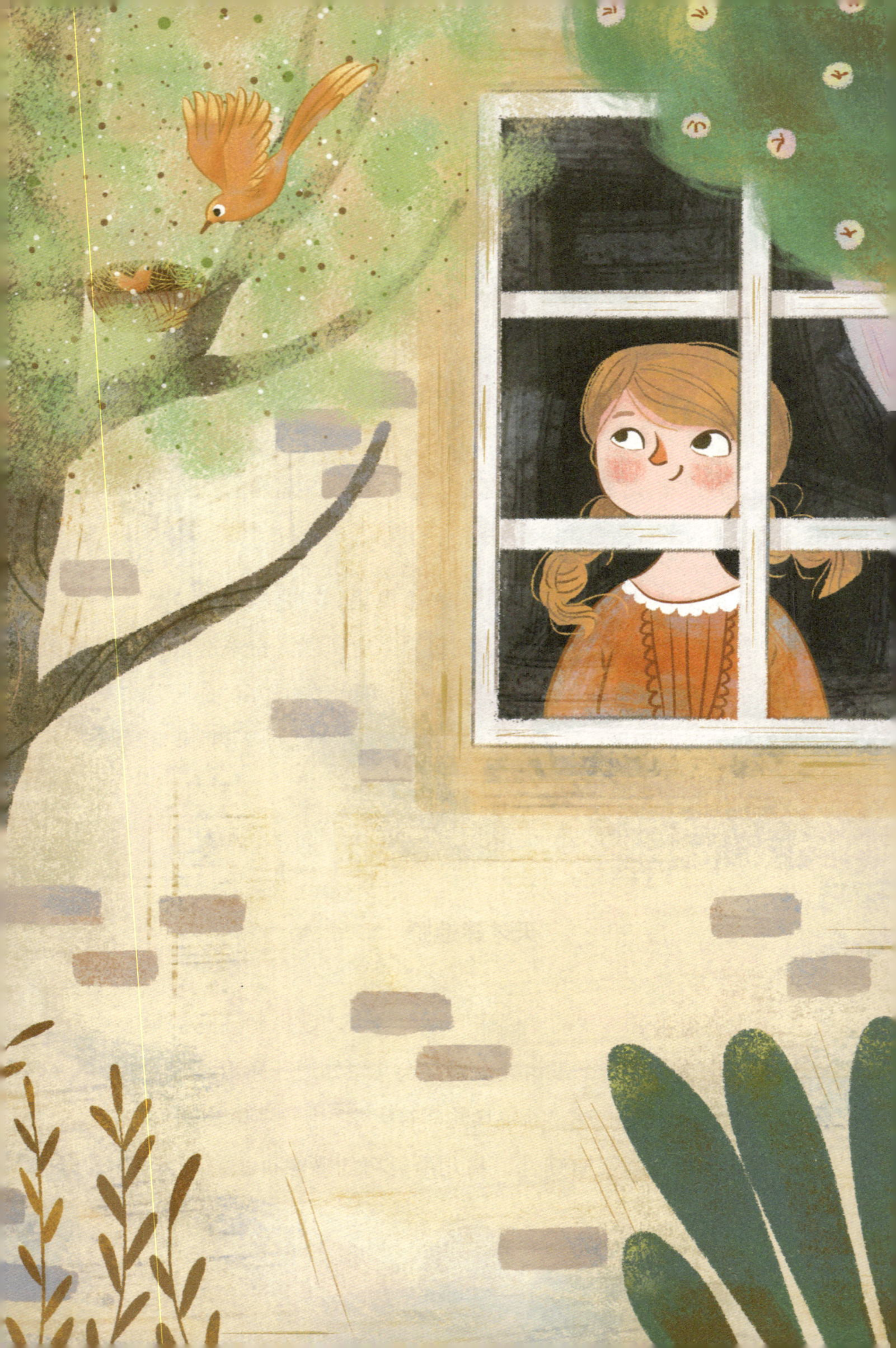

一个个交叉起来，成为一个小城堡，与树干融为一体，再大的风也无可奈何。巢的位置还正好处于树干的四分之三处，这个绝妙的位置能让它们在晚上睡觉前数着天上的星星。鸟巢非常隐蔽，就像被大雪覆盖的密道一样，不会轻易被发现。

超能无敌鸟妈妈

不知从何时起，巢里多了一个鸟宝宝。鸟妈妈每天都在为鸟宝宝寻找食物而奔波。它的技艺十分高超，每次捕食都不会扑空。当它划过天空，就像一把长矛投向了天空。鸟妈妈喂食的动作很娴熟，总是准确地把食物送入鸟宝宝的嘴中，一次都不会出错。在晴天的时候，鸟妈妈的翅膀就是一顶遮阳伞；在暴风雨时，它的翅膀又变为一顶保护罩。

勇敢的鸟宝宝

一个幼小的身影从巢里出现了。就在两三天前，鸟宝宝还只能伸出头，现在已经可以昂首挺胸地在树枝上散步了，就像一个大将军正在检阅士兵一样。可就在这时，天突然阴了下来，狂风暴雨也瞬间到来，鸟妈妈还没有回来，鸟宝宝也来不

及回到鸟巢里,它孤独无助地躲到了鸟巢下。这是它第一次独自面对险境,它用幼小的爪子奋力抓住树枝,以保证自己不被大风刮跑。一会儿雨过天晴,鸟妈妈也回来了,一直在叫,好像在夸奖它是勇敢的鸟宝宝呢!

隐身的鸟爸爸

不知道为什么,我一直没有看到鸟爸爸,鸟爸爸就像神秘蒸发了一样,是去探险了吗?还是去报名"鸟爸爸去哪儿"了呢?又或许去看望外星球的母亲了呢……不过,我希望鸟爸爸能快快回来,帮助鸟妈妈,因为只有你才能担任"一巢之长"啊!

不吵闹的鸟巢

鸟巢里半天都不会传来声音,只有在清晨时鸣叫。平时它们就像手机开启了静音模式一样,不过,这也给我们家带来了宁静。也许正因为这样,它们才没有被天敌所食。原来安静也是一种智慧。

超能无敌鸟妈妈、勇敢的鸟宝宝、隐身的鸟爸爸,你都认识了吗?你喜欢它们吗?你也快快去寻找你的好邻居吧!

话题NO.12 动物

阳光姐姐点评

　　屋里是幸福的小作者一家，屋外梧桐树上是同样幸福的喜鹊之家，人与动物就这样成了和平相处的"邻居"，互不干扰，更不互相伤害。如果我们都能像小作者一样尊重我们身边的小动物，那这个世界是不是也会变得更加友善充满生机呢。

校园流行朋友圈

加入"阳光家族"的方法——

　　读了这么多精彩的话题故事,你是不是也想加入阳光家族,和我们一起写作呢?

　　加入阳光家族的方法很简单,把你写的作文、日记、诗歌或者小说投稿给我们,你就成为阳光家族的一员啦!

征稿要求

1. 写作体裁:作文、日记、诗歌、小说都可以。

2. 字数:作文、日记、诗歌字数不限;小说全文字数3000—30000字(注意是全文哦,没写完的不要急着投稿啦)。

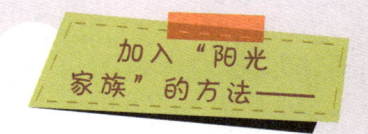

3. 风格：不限，符合小学生阅读特点即可。

4. 征稿对象：小学生和初中生。

5. 稿件投至：1219634843@qq.com（作文、日记、诗歌投稿邮箱）；hysxinxiang@126.com（小说投稿邮箱）。

6. 稿件要求有以下几项内容（按照以下顺序）：（1）作品名称；（2）作者姓名；（3）作者联系地址、邮政编码、联系电话；（4）作品目录（如果有的话）；（5）作品正文；（6）作者小档案（见下）。

"阳光家族"成员小档案（投稿必填）

姓名：	喜欢的颜色：
别名：	喜欢的动物：
年龄：	喜欢的音乐：
生日：	喜欢的课程：
形象特点：	爱好：
性格特点：	我讨厌：
喜欢的食物：	梦想的职业：
喜欢的饮料：	最大的愿望：